Reise in die Vergangenheit

Reise in die Vergangenheit

Anregungen zur Gestaltung von Gesprächsgruppen mit alten Menschen

Helga Rasehorn

Vincentz Verlag

CIP-Titelaufnahme der Deutschen Bibliothek

Rasehorn, Helga:
Reise in die Vergangenheit: Anregungen zur Gestaltung von Gesprächsgruppen mit alten Menschen / Helga Rasehorn. –
Hannover: Vincentz, 1991
ISBN 3-87870-278-7

Druck: Th. Schäfer, Hannover
ISBN 3-87870-278-7

Inhaltsverzeichnis

Vorwort

Alte Menschen wissen viel über die Vergangenheit zu erzählen, gerade weil die Gegenwart für sie oft nicht mehr nachvollziehbar ist. Allzu oft fehlt es aber an Gelegenheiten, gemeinsam in der Gruppe mit anderen Erinnerungen aufzufrischen, zumal die „Jungen“ oft gar nicht mehr hinhören und noch viel weniger um die Lebensumstände von früher wissen. Die „Anregungen zur Gestaltung von Gesprächsgruppen mit alten Menschen“ versuchen hier, Abhilfe zu schaffen. An den „Reisen in die Vergangenheit“ können alle alten Menschen, ob pflegebedürftig, geistig rüstig oder verwirrt, *gemeinsam* teilnehmen.

Diese Anregungen sind nicht nur für therapeutische Mitarbeiter gedacht, sondern richten sich vor allem an Mitarbeiter in der Pflege, die das Interesse und die Möglichkeit haben, Bewohner ihres Wohnbereiches, ihrer Station oder auch in der Tagespflege, im Altenclub zusammen zu bringen und mit ihnen gemeinsam einen unterhaltsamen und anregenden Nachmittag zu gestalten. Dazu gehören natürlich auch Musik, Getränke und „etwas zum Knabbern“.

Hinweise zur Anwendung

Das Buch ist nach verschiedenen Themen aufgebaut, welche alten Menschen insbesondere auch von ihrer Lebensgeschichte bekannt und vertraut sind. Zu jedem Thema findet sich eine Einführung in die Thematik als Anregung und Inspiration für die Behandlung des Themas in der Gruppe. Weiterhin sind gängige und bekannte Begriffe, Personen usw. aufgeführt – ohne Anspruch auf Vollständigkeit oder auf Repräsentativität in der Auswahl. Auch die erwähnten Zahlen und Daten erheben nicht den Anspruch auf absolute Richtigkeit oder Vollständigkeit. Sie sind als Anregungen bzw. Beispiele zu verstehen.

Erweiterungen und Ergänzungen – insbesondere von den alten Menschen – sind jederzeit möglich und erwünscht. Bei der Gruppenarbeit soll nicht Wissen abgefragt werden, sondern es geht darum, über entsprechende Fragen und Themen Erinnerungen aufzufrischen und zu wekken, Gespräche zwischen den alten Menschen zu initiieren und sie über ihre Lebensgeschichte und die gemeinsamen Erinnerungen einander näher zu führen.

Zur Vorbereitung einer Gesprächsgruppenstunde sucht man sich zuerst ein Thema (aus dem Inhaltsverzeichnis). Vielleicht gibt es ein aktuelles Tagesereignis, auf das in der Themenwahl Bezug genommen werden kann. Zur Vorinformation kann der/die Gesprächsleiter(in) die jeweils dem einzelnen Kapitel vorangestellte Einführung (der kleiner gedruckte Text) lesen. Inhaltliches Verständnis für die damalige Situation und auch Anregungen und Hilfestellungen für das laufende Gespräch werden hier vermittelt.

Ein anderer Einstieg in die Gruppenstunde ist das Vorlesen des Einführungstextes in der Gruppe, dies kann wichtige Impulse für den Gesprächsverlauf geben. Häufig ist es auch nötig, den Einstieg in das Thema durch Beispiele zu erleichtern. Hat man etwa das Thema Beruf gewählt, reicht es dabei natürlich nicht aus, einfach einen Beruf zu nennen, sondern die Tätigkeit soll auch näher beschrieben werden (z.B. „wer beschlägt die Pferde?, wer braut das Bier?"). Persönliche Erfahrungen und Erlebnisse der Teilnehmer sollten immer mit eingebracht werden („welchen Beruf hatten Sie?, welchen Beruf hatte der Ehepartner?, welchen Beruf hatte der Vater?, unter welchen Bedingungen wurde gearbeitet?, wie waren die Arbeitszeiten?, wie war die Bezahlung?").

Die Gruppenstunde sollte lebendig und interessant sein; dies bedeutet, daß man zwar oft Anregungen und Hilfestellungen geben muß, ohne sich deswegen aber an bestimmten Themen festzuklammern. Denn wenn man sich auf eine „Reise in die Vergangenheit" begibt, dann haben die alten Menschen viel zu erzählen, zumeist auch Begebenheiten und Dinge, wovon der/die Gesprächsleiter(in) gar nichts weiß, und wovon sie selbst noch lernen kann. Viele alte Menschen freuen sich schon alleine darüber, daß sie an etwas Schönes erinnert werden wie beispielsweise alte Schlager, Kinofilme und Filmstars.

Die meisten Themen bieten einen naheliegenden Übergang zu einem anderen ähnlichen Bereich: „Alte Filme und Schlager" führen zum Thema „Freizeitgestaltung in der früheren Zeit", dies leitet über zum Thema „Sich Kennenlernen, Treffpunkte früher"; so kann eine Kette von aufeinander bezogenen Themen geknüpft werden.

Schließlich gilt für die „Reisen in die Vergangenheit" das gleiche wie für die Anwendung der „Therapiekartei" (Kartei mit Übungseinheiten zur psychosozialen Therapie mit verwirrten alten Menschen): Die Benutzer sollten sich durch diese Anregungen nicht einengen lassen, sondern ihre Kreativität und Phantasie und insbesondere die der alten Menschen nutzen, um die Gruppenarbeit zu gestalten und mit Leben zu erfüllen.

1. Lebensgewohnheiten und Alltag

Lebensmittel und Broterwerb

Zu früheren Zeiten gab es noch keine großen Warenhäuser, geschweige denn Konservendosen und Fertigkost. Lebensmittel waren in der Hauptsache Grundnahrungsmittel wie Eier, Mehl, Zucker... aber auch Fleisch, Wurst, Obst und Gemüse, für deren Produktion und Konservierung man in erster Linie selbst Hand anlegen mußte. Das Frühjahr war die Zeit der Saat. Im März wurde der Ochsenkarren angespannt („im Märzen der Bauer..."), das Feld gepflügt, um dann das Korn säen und die Kartoffeln einlegen zu können...

Jahreszeiten und Witterungsverhältnisse hatten früher eine sehr große, oft existentielle Bedeutung. Ein regenarmer Frühsommer stellte den Ertrag ebenso in Frage wie ein zu milder Winter, in dem dann zu viele Schädlinge für die kommende Saat überlebten. Die große Freude und Feier zum Erntedankfest bezeugen die Abhängigkeit von „der eigenen Hände Arbeit" in der Auseinandersetzung mit der Natur.

Die Städter, wie man die Stadtbevölkerung nannte, wurden von den Bauern versorgt. Auf dem Markt boten sie ein – oder zweimal in der Woche ihre Naturprodukte feil. Man weiß auch noch von Kriegszeiten, daß die Bauern oft ausblieben und dann um so größere Not herrschte. Viele Städter hatten aber auch einen kleinen Garten, vielleicht am Rande der Stadt (Schrebergärten). Man war hier Selbstversorger, so gut man eben konnte. Kopfsalat wurde gesteckt, Bohnen an Stangen aufgezogen... Etwas nur für das Auge sollte natürlich auch darunter sein.

Ein paar mal im Jahr kamen auch Händler, die Waren anboten. Hier kamen die Bauern einmal in die Stadt, nicht um zu verkaufen, sondern um einzukaufen. Dieser Jahrmarkt war etwas ganz Besonderes. Man kam jedoch nicht nur zum Einkaufen, es wurden auch viele Annehmlichkeiten geboten, Würstchenbuden, Schiffschaukel, Schießbuden... Heute erinnert kein Volksfest mehr an seine einmal ursprüngliche Bedeutung als Markt.

Früher war es auch üblich, daß jeder im Dorf sein eigenes Schwein im Stall stehen hatte. Es wurde hauptsächlich von Essensresten ernährt (dementsprechende Überbleibsel kamen in den „Schweineeimer"). Der Schlachttag war ein harter Arbeitstag. Von morgens bis spät abends wurde gekocht und gewurstelt..., aber man freute sich auch, daß das Schwein überhaupt rund und dick geworden war, daß man wieder für einige Zeit Wurst, Fett und Fleisch hatte und beschenkte auch seine Nachbarn mit der traditionellen Gretlsuppe und ein paar deftigen Leber- und Blutwürsten.

Der Konservierung der Lebensmittel mußte große Aufmerksamkeit geschenkt werden. Verdorbene Lebensmittel, zumindest im größeren Ausmaß, waren immer gleichbedeutend mit der bedrohlichen Frage: „Wie kommen wir über den Winter?" Man war ja von der jahreszeitlichen Reife der Naturprodukte abhängig.

Kartoffeln – ein Hauptnahrungsmittel damaliger Zeit – und Äpfel wurden kühl im Keller eingelagert. Manches Gemüse wurde im Winter tief in die Erde eingeschlagen. Obst wurde in den Einweckgläsern sterilisiert – wie heute nur noch wenig üblich. Saft wurde mit einer einfachen Saftpresse gewonnen und ebenfalls sterilisiert. Marmelade mußte lange auf dem Herd vor sich hinköcheln und wurde dann ebenso konserviert. Gürkchen wurden wie die Eier in Essigwasser eingelegt. Fleisch wurde zur Aufbewahrung gekocht und dann in Gläsern sterilisiert, in der Hauptsache aber geräuchert oder luftgetrocknet – wie das heute so begehrte und teure Bündnerfleisch. Auch Würste wurden geräuchert oder in Gläsern konserviert. Die Erfindung des Kühlschranks kam hier einer Revolution gleich.

Natürlich gab es damals schon einen Metzgerladen. Frische Ware bekam man meist um den Schlachttag herum, meist einmal die Woche, anderntags mußte man sich mit Geräuchertem oder Eingelegtem zufrieden geben. Auch der Bäckerladen und in der Stadt die Konditorei, gehörten damals zum Dorf- bzw. Stadtbild. Beim Schuster konnte man sich seine Schuhe ausbessern lassen. Schuhe waren früher sehr teuer, sie wurden deswegen auch von einem Kind zum nächst jüngeren weitergereicht. Im „Tante Emma Laden“ fand man so ziemlich alles, was man sich damals zum täglichen Gebrauch vorstellen konnte: Salz, Zucker, Schnürsenkel, Fingerhut, Haarspange, Papier... Das Gewürzextrakt „Maggi“ war um jene Zeit der allerneuste Schrei. Stoff und Wolle konnte man in einem Tuchgeschäft kaufen, wenngleich ein solches Geschäft anfangs noch spärlich anzutreffen war – weil die Tuchhändler ihre Ware noch zu Markte trugen.

Allmählich und doch stetig entstanden in den Städten größere Kaufhäuser und das Warenangebot wurde immer differenzierter. Letztlich schossen ganze Kaufhaus-Ketten wie Pilze aus dem Boden. „Woolworth“ ist vielen von früher schon ein Begriff, der Name wurde deutsch ausgesprochen „Wollwott“.

Man erinnert sich auch, wie billig früher das Brötchen, der Zucker, das Salz... im Vergleich zu heute zu haben waren, – wenn man einmal von dem niedrigeren Lohn und Verdienst absieht. Der Bohnenkaffee hingegen war, wenn überhaupt zu kaufen, sündhaft teuer. Die riesigen Kaffeeplantagen in Übersee gab es damals noch nicht. Und Schokolade haben die Amerikaner nach dem 2. Weltkrieg mitgebracht, den Kindern der jetzt älteren Generation.

Der Speiseplan war früher viel kärglicher. Es gab viel Mehlspeisen, wie Pfannekuchen mit eingewecktem Obst, Hülsenfrüchte wie Erbsensuppe...überhaupt waren die Suppe und der Eintopf sehr populär. Wo „viele Mäuler zu stopfen waren“, kam es darauf an, die Mahlzeit mit Wasser und Mehl „strecken“ zu können. Nur sonntags wurde ein besonderes Mahl gekocht, zumeist ein Braten mit den hausgemachten Kartoffelklössen. Feste und Feierlichkeiten wie Weihnachten, Hochzeit und Taufe... waren nicht zuletzt auch kulinarische Höhe- und Glanzpunkte... Die Weihnachtszeit war und ist *die* Backzeit. Man kann sich noch an die süßen und auch herben Düfte nach Mandeln und Marzipan erinnern und wie sehnsüchtig man gewartet hat, bis die Teigschüssel endlich ausgeschleckt werden durfte.

Viele Familien lebten früher in ärmlichen Verhältnissen. Entbehrung und Maßhalten bestimmten das alltägliche Leben – vom „täglichen Brot“ über die Wohnqualität bis zur Freizeit und Freizeitgestaltung (siehe auch unter 2. Berufe und 3. Politiker und politische Ereignisse).

Fragen und Beispiele hierzu auf Seite 9

Wohnen und Haushalten

Viele Menschen lebten früher in einer Großfamilie. Oft waren die Wohnverhältnisse auch sehr beengt. Es war gar nicht so unüblich, daß sich Eltern und Kinder ein Schlafzimmer teilen mußten. Zentrum der Wohnstätte war die große Stube, Küche und Wohnraum zugleich.

In der Stube befand sich ein großer Kohlenofen und der Herd, der eigentlich nie kalt werden sollte. Stets summte ein Wasserkessel vor sich hin, das Bügeleisen stand ebenfalls auf dem Herd und war somit immer heiß und griffbereit. In der Stube stand auch das Canapee, auf dem sich der Vater abends nach der Arbeit oft ausruhte.

Ganz früher, so kann man sich erinnern, wurde mit Petroleum beleuchtet, dann kam das Gaslicht und dann der elektrische Strom. Anfangs gab es auch noch kein fließendes Wasser. Wasser holte man sich aus einem Dorfbrunnen, oder in der Stadt an einer dafür vorgesehenen Sammelstelle. Ein Badezimmer gab es eigentlich auch noch nicht. Gebadet wurde in einer Blechwanne, die meist in der Waschküche stand oder zwecks Benutzung in die Wohnstube gebracht wurde. Im Speicher, in der Speisekammer, waren so köstliche Dinge wie Zucker und Marmelade aufbewahrt, weswegen sie meist verschlossen gehalten wurde. Oft gab es auch gleich nebenan eine Besenkammer.

Im Keller war es meistens kalt und dunkel. Wie oft hat man sich da gefürchtet, wenn die Mutter einen in den Keller schickte, um etwas zu holen. Manchmal wurde man auch zur Strafe in den Keller gesperrt, eine höllische Strafe! Ein „stilles Örtchen“ lag damals in der Tat still und abseits, nämlich außerhalb der Wohnstätte. Und weil man somit nachts bei einer Notdurft eine lange und dunkle Strecke zurücklegen mußte, favorisierten auch Erwachsene den Nachttopf. Später gab es dann erstmals ein Wasserclosett (WC), integriert in die Wohnstätte.

An bestimmten Wochentagen wurden immer ganz bestimmte Arbeiten und Tätigkeiten verrichtet. So war Samstag der Putztag; geputzt bzw. geschrubbt wurde mit Schmierseife und Wurzelbürste, man arbeitete sich auf den Knien Stück für Stück vorwärts. Auch die Straße sollte am Samstag gekehrt werden. Samstag war, was den Speiseplan angeht, der „Reste-Tag“, es gab einen billigen und schnell herzurichtenden Eintopf aus den Essensresten der Woche. Am Samstagabend, nach getaner Arbeit, wurde auch das wöchentliche Bad genommen. Sonntagmorgen ging die ganze Familie in die Kirche. Anschließend trafen sich die Männer im Wirtshaus zum Frühschoppen und die Frauen bereiteten derweil zu Hause das Essen vor. Sonntags wurde ja ein besonderes Mahl gekocht – meist der Schweinebraten mit selbstgemachten Nudeln oder Kartoffelklössen. Manchmal waren die heimkehrenden Männer angetrunken und der Sonntagsfrieden fand schon gegen Mittag ein jähes Ende. Die Zeit der mittäglichen Mahlzeit war auch genau festgesetzt, meist um 12 Uhr, wenn die Kirchenglocke bereits den Nachmittag einläutete. Nachmittags freute man sich auf eine gute Tasse Bohnenkaffee, sofern es welchen gab. Meist mußte man jedoch mit Malzkaffee vorlieb nehmen.

Der Montag war der Waschtag. Gewaschen wurde mit Kernseife und Rubbelbrett, eine schwere und anstrengende Arbeit für die Frauen. Man kennt auch noch die Bleichwiesen, meist an einem Fluß gelegen, wo die Sonne die ausgelegten Wäschestücke wieder bleichen sollte. Die ersten Waschmaschinen gab es in den 50er Jahren. Wer erinnert sich noch?

Zu jedem Haushalt gehörte schon damals die Hausapotheke, sie war allerdings ganz anders beschaffen als heute. Man fand dort viele Sälbchen und Tinkturen, die der Apotheker zusammengemixt hatte und in der Hauptsache viele getrocknete Heilkräuter.

Fragen und Beispiele hierzu auf Seite 13

Freizeit und Freizeitgestaltung

Freizeit war früher ein sehr knappes Gut. Das Leben, der Alltag wurden meist durch harte, körperliche Arbeit bestimmt. Oft ging es auch um das nackte Überleben, denn die heute ältere Generation hat zwei Weltkriege und Hungersnot miterlebt. Schon die Kinder mußten auf dem Feld mitarbeiten, oder im Haushalt tatkräftig „zupacken", die jüngeren Geschwister versorgen und betreuen. Viele ältere Menschen erzählen, daß sie eigentlich gar keine richtige, sprich schöne Kindheit erleben durften. Auch Spielsachen gab es damals sehr wenige. Wenn der Vater die Zeit hatte, bastelte er – meist zu einem besonderen Anlaß wie Weihnachten oder Geburtstag – eine Puppenküche, schnitzte ein Schaukelpferd oder eine kleine Eisenbahn. Meistens aber bekam man Spielsachen von Verwandten oder Freunden der Eltern geschenkt. So auch die Puppe, damals noch aus Stoff selbst genäht, vielleicht mit einem Porzellankopf, den man auf dem Markt oder im Trödlerladen kaufen konnte. Ein sehr populäres und beliebtes Spielzeug war der Kreisel. Einen Teddybären gab es zu jener Zeit noch nicht. Der „Teddy", dem der amerikanische Präsident Teddy Roosevelt Pate stand, erblickte erst vor 80 Jahren das Licht der Welt und war von daher noch viel zu unbekannt und auch zu teuer.

Später in der Jugendzeit und im Erwachsenenalter war es üblich, sich in einem Gesangs- oder Wanderverein zu organisieren. In Wandergruppen wurde die nähere Natur und Umgebung zumeist auch singend erkundet. Eine deftige Brotzeit war da immer dabei. Heute nennt man das Picknick.

Offiziell eingerichtete Begegnungsstätten und Treffpunkte gab es früher wenige. In den Städten erfreuten sich Konditoreien oder Tanzcafes allseitiger Beliebtheit.

Im Dorf gab es meist nur ein einziges Wirtshaus, das hauptsächlich von Männern besucht wurde, die sich mit Kartenspielen die Zeit vertrieben. Jung wie Alt freute sich auf die leider nur spärlichen Jahresfeste wie die Maifeier, die Johannisnacht, das Erntedankfest und die Kirchweih'... Im Mai wurde in jeder Ortschaft auf dem Marktplatz ein feierlich geschmückter Maibaum aufgerichtet, den es sodann Tag und Nacht zu bewachen galt. Es war nämlich ein großes Vergnügen, den Maibaum der Nachbarortschaft abzusägen. Und natürlich gab es im Mai den Maitanz! In der Johannisnacht, zur Sommerwende, wurde ein großes Feuer angezündet. Ganz Mutige sprangen dann für die Liebste „durchs Feuer"... Auf der Kirchweih' stellte sich heraus, ob jemand wirklich schießen kann. Ansonsten traf man sich abends gerne auf dem Marktplatz, zumindest die männliche Jugend; die Mädchen mußten meist wohlbehütet zu Hause bleiben. Viele ältere Frauen erzählen, daß sie bis spätestens um acht Uhr nach Hause kommen mußten; manche Mädchen durften ohne Aufsicht der Mutter so gut wie nirgendwo hingehen.

Man ist früher in den Flüssen schwimmen gegangen und im Winter auf den zugefrorenen Gewässern Schlittschuh gefahren. Zu jener Zeit wurde auch der Fußball immer populärer.

Man erinnert sich auch noch an die Zeit der ersten Kinobesuche. Da war der Inhalt des Filmstreifens erstmal Nebensache, allein die Tatsache, daß sich Bilder bewegten, war Faszination genug. Später wurde dann der Kinobesuch am Wochenende schon fast etwas Gewöhnliches, zumindest in den Städten war man sonntags oft im Kino, traf sich anschließend in einer Konditorei und promenierte dann im Stadtpark...

Fragen und Beispiele hierzu auf Seite 15

„Wie mache ich mich schön zum Ausgehen?“

Früher machte man sich hauptsächlich nur für den Sonntag und besondere Anlässe wie Tanz... „schön“. Wochentags war man mit der „Werktagskluft“ bekleidet, am Sonntag präsentierte man sich im „Sonntagsstaat“. Es war auch allgemein üblich, eine Kopfbedeckung – den Hut – zu tragen. Am Freitag abend, spätestens aber am Tag darauf, war es Zeit, sich um die sonntägliche Haartracht zu kümmern. Mit Zeitungspapier oder kleinen Lederlockenwicklern wurde das Haar eingedreht. Die Lockenwickler wurden mit Garn festgebunden, und weil Garn teuer und für das Schneidern notwendig war, schimpfte der Vater oder Mann im Haus über die teure Eitelkeit der „Weibersleut'“. Als Haarfestiger diente damals Zuckerwasser! Nachts wurden die harten Lederwickler nicht abgenommen eine Tortur, vielleicht auch daher das Sprichwort „Schönheit muß leiden“. Am Sonntag konnte man sich dann mit Schillerlocken, auch Korkenzieher genannt, zieren. In den 20er Jahren war es in Mode gekommen, sich einen Bubikopf schneiden zu lassen. Manche Väter sahen überhaupt nicht gerne, wenn sich die jungen Mädchen die Zöpfe abschnitten, dann war „der Zopf ab“, die Töchter sind „flügge“ geworden.

Die Männer zierten sich manchmal mit einem Schnauzbart, vor allem in der wilhelminischen Zeit, der regelmäßig gezwirbelt werden mußte. Und weil ab und zu der Schnauzbart auch gewaschen werden mußte, dann aber aus der Fasson geraten wäre, hat man vorsichtshalber eine Bartbinde getragen, bis der Bart wieder trocken war und dann auch tadellos „stand“. Früher war es auch üblich, den Schmuck der Mutter an die Tochter weiter zu vererben. In vielen Familien war dann dieser „Familienschmuck“ zwar spärlich in seiner Ausführung, aber er wurde wie eine Kostbarkeit aufbewahrt und gehandhabt. Zu diesen „Schätzen“ zählte meist eine Perlenkette (häufig aus „falschen“ Perlen), ein Bernsteinhalsband, der Theresientaler... auf dem Lande war auch Schmuck aus „Hirschgranterln“ begehrt

Das Strumpfband, ursprünglich funktioneller Natur, gehörte in den 20er Jahren zum Tanzkostüm. Cosmetik-Artikel – Farben und Tinkturen... – gibt es sicher schon seit „Evas Sündenfall“. Das „Make up“ verdankt sich dem Umstand, den Filmstar „ins rechte(Kamera–) Licht rücken“ zu wollen, damit Gesichtsausdruck und daher Aussagekraft des Filmstreifens besser zur Geltung kommen. Das Sich-Schminken war aber lange Zeit für ein „anständiges“ Mädchen verpönt. So schminkte man sich sehr selten und dann auch meist heimlich, kurz vor einer Tanzveranstaltung...

Auf Seite 3 Einführungstexte zu diesen Fragen oder Beispielen

Garten und Feld(Arbeit) in Verbindung mit den Jahreszeiten

Was wächst im Garten zu welcher Jahreszeit? Wann wird welches Gemüse gesät oder gesteckt und wann geerntet? Wie wurde welches Obst zum Verzehr oder zur Konservierung zubereitet? (Obstsalat, Obstkuchen je nach Jahreszeit mit Erdbeeren oder den beliebten Zwetschgen..., Kompott..., Obst wurde auch in Einweckgläsern sterilisiert oder zur Marmelade verarbeitet... Äpfel wurden im Keller einzeln nebeneinander gelagert, damit ein möglicher fauler Apfel nicht auch andere verderben konnte...) Wann wachsen Schneeglöckchen, Krokusse?... Pfingstrosen, Flieder... Sonnenblumen und Rosen... Herbstzeitlose und Astern...?

Wer bestellte das Feld? Was wurde wann gesät und geerntet? (Getreide, Kartoffeln, Futter- und Zuckerrüben...) Wie wurden die Feldfrüchte gelagert und/oder weiterverarbeitet, z.B. aus Korn wird Mehl und dann das Brot. Wie wurde früher gedroschen? Welche Feldgeräte und Hilfsmittel gab es? (Egge, Pflug, Sense, Ochsengespann, später der Traktor und Mähdrescher...) Wie wurde früher gedüngt? Was war die Brotzeit? Wann war das Erntedankfest?

Lebensmittel und ihre Konservierung

Grundnahrungsmittel von früher: Mehl, Eier, Zucker, Schmalz, Milch, Gries und Salz...

Fleischprodukte: meist vom Schwein (Schweinebraten, Schweinehaxen, Kotletts, Schinken, Bauchspeck, Schnitzel und die verschiedenen Wurstsorten wie Leberwurst, Blutwurst, Pressack, Weißwurst, Sülze, Fleischwurst...), aber auch vom Huhn (Brat- und Suppenhuhn)

Obst und Gemüse: je nach Jahreszeit und Möglichkeit der Konservierung; meist nur hier wachsende Früchte; Obst- und Gemüsesorten aus Übersee und anderen Regionen gab es erst allmählich nach dem 2. Weltkrieg...

Milchprodukte: aus dem Milchrahm wurde Sahne und Butter (im Butterfaß) geschlagen; aus Milch wurde Dickmilch und Käse gewonnen...

Auf Seite 3 Einführungstexte zu diesen Fragen oder Beispielen

Konservierung von:

- Fleisch: in Einweckgläsern sterilisieren; räuchern oder lufttrocknen
- Wurst: in Einweckgläsern sterilisieren; räuchern
- Eier und Gürkchen: in Essigwasser einlegen
- Gemüse: kühl lagern, im Winter in die Erde einschlagen, mit Salz konservieren (Sauerkraut)
- Äpfel und Kartoffeln: im Keller kühl, aber immer ohne Frost lagern
- Obst: in Einweckgläsern sterilisieren oder zu Marmelade verarbeiten

Lebensmittel, Geschäfte und Preise

- Welche Geschäfte gab es früher oder wo konnte man was einkaufen? Bäcker- und Metzgerladen, Trödler- und Tante-Emma-Laden, das Tuchgeschäft... die verschiedenen Jahrmärkte, wo Stoffe, Steingut, Schneidewerkzeug usw. angeboten wurden; der Wochenmarkt der Bauern in den Städten, wo man Land- und Naturprodukte einkaufen konnte... Hausierer zogen von Haus zu Haus und verkauften z.B. Schnürsenkel und Knöpfe...
- Was kostete früher:
  ein Laib Brot
  ein Pfund Malzkaffee, Bohnenkaffee
  ein Liter Milch
  Eier
  ein Pfund Mehl und Zucker
  ein Paar Schuhe
  ein Meter Baumwoll-Stoff...?

Auf Seite 3 Einführungstexte zu diesen Fragen oder Beispielen

Kochen und Backen

- Welche **Speisen** gab es früher... was haben Sie gekocht? Mehlspeisen wie Pfannekuchen, Gries- und Reisbrei, Linseneintopf mit Spätzle, Kartoffelsuppe, Haferflocken- und Griessuppe... Schweinebraten mit selbstgemachten Nudeln oder Kartoffelklössen, eingelegter Sauerbraten, Kartoffel und Hering oder Sülze...
- Zu welchen **Gelegenheiten** gab es etwas Besonderes? Was haben Sie da gekocht? Zu welchem Fest gab es meist eine Gans, einen Karpfen...? Was ist der sogenannte „Restetag“? Welche Kochgeräte standen damals zur Verfügung? Was war Ihre Lieblingsspeise? Wie kocht man einen Braten, einen Reisbrei, Pfannekuchen...?
- Zu welcher **Jahreszeit** gab es welchen Obstkuchen (Erdbeeren, Kirschen, Äpfel und Zwetschgen...)? Für jeden Sonntag wurde auf jeden Fall ein preiswerter Marmor- oder Gesundheitskuchen gebacken. Weihnachtszeit ist *die* Backzeit, welche Plätzchen und Köstlichkeiten wurden wie gebacken...?

Auf Seite 3 Einführungstexte zu diesen Fragen oder Beispielen

Nähen und Stricken/Bekleidung

- Welche **Nähutensilien** standen früher zur Verfügung? Hatten Sie schon früher eine Nähmaschine (damals fast ausschließlich von „Singer")?
- Welchen **Stoff** haben Sie früher meist verarbeitet? Baumwolle und Leinen, sehr oft wurden alte Kleider wieder aufgetrennt und der Stoff neu oder in Stofflekken wieder verwandt; auch aus Vorhangstoffen wurden zur Not Kleider genäht.
- Woher bekam man früher die **Wolle**? Auch Pullover wurden früher sehr oft wieder aufgetrennt und die Wolle wieder verwandt.
- Wie war man früher bekleidet? Die Frau meist in **Arbeitsbekleidung**, mit dem Schürzenrock... Männer trugen damals Hosenträger und Hemdsärmelhalter... auch **Berufsbekleidung** wie Zimmermannsrock und Bäckersmütze...; früher gab es von der Alltagskleidung die getrennte **Sonntagskleidung**... meist auch noch ein Ball- bzw. Tanzkleid für die jahreszeitlichen Tanzgelegenheiten... Der Wintermantel war früher ebenso wichtig und teuer wie die Schuhe, daher wurden beide von einem Kind zum anderen, ja von einer Generation zur anderen weitergegeben.
- Haben Sie früher noch **gesponnen**?

Auf Seite 5 Einführungstexte zu diesen Fragen oder Beispielen

Wohnen und Haushalten

- ❍ Wohnten Sie in der **Stadt** oder auf dem Lande?
- ❍ Wie haben Sie gewohnt? In einem **Haus** oder einer Wohnung? Mit einer Großfamilie oder nur mit dem Ehegatten, Kindern oder allein?
- ❍ Wie war Ihre Wohnung eingerichtet? Die „**gute Stube**“: Vertiko, Fußschemel, ein Diwan aus Plüsch = ein Sofa, ein Ohrensessel, eine schlagende Uhr (Kuckucksuhr, Standuhr), Holzdielen als Fußboden... die Küche: der große Tisch, das Kanapee, später die Eckbank, ein großer Herd, der heizte oft auch die anliegenden Räume; der Herd hatte eine (Ofen)Röhre und ein „versenktes Schiff“ (=Einsatz in der Herdplatte für Wasser, das dann stets warm oder heiß zur Verfügung stand).
- ❍ Wieviel **Miete** haben Sie früher bezahlt oder hatten Sie ein Eigenheim?
- ❍ Welche **Haushaltsgeräte** gab es früher? Wann besaßen Sie einen ersten Staubsauger? Die erste „Bosch“-Küchenmaschine war eine technische Revolution und von jeder Hausfrau begehrt (wurde oft zu Weihnachten an die Mutter und Ehefrau verschenkt).
- ❍ Mit welchen Geräten und Gegenständen haben Sie früher **gekocht** und gebacken?
- ❍ Welche **Putzmittel** gab es früher? Wurzelbürste, Soda und Kernseife... Bohnerwachs, Staubwedel...
- ❍ Wie haben Sie früher **gewaschen**? Mit Kernseife und Rubbelbrett... in der Waschküche wurde der große Waschkessel aufgeheizt oder die Wäsche wurde in einem Waschbottich auf dem Herd in der Küche gekocht... erst später kam die Waschmaschine und das Waschpulver, wer kennt noch „Persil’59"?
- ❍ Wie haben Sie früher **gebügelt**? Zum Wäscheglätten wurde die Wäsche gestärkt; drahtloses Bügeleisen, das stets auf dem warmen Herd stand oder das „Kohlebügeleisen“ mit einem inwendigen Bolzen, der zum Erhitzen in die glühenden Kohlen im Herd geworfen wurde...
- ❍ Gab es bereits **fließendes Wasser** in der Wohnung oder wo konnte man sich Trinkwasser besorgen? Brunnen oder Vergabe-Sammelstelle in der Stadt; Regenwasser wurde in großen Bottichen aufgefangen...

Auf Seite 5 Einführungstexte zu diesen Fragen oder Beispielen

- Bademöglichkeiten und **Toilette** früher: Blechbadewanne in der Waschküche, später dann Emaille-Badewanne in der Wohnung, Wasser wurde mit einem langen, bauchigen Kohlekessel aufgeheizt... dann warmes Wasser direkt aus der Wasserleitung... Toilette war früher außerhalb der Wohnstätte auf dem Hof; in der Stadt, in einer Mietwohnung, gab es meist nur für eine ganze Etage eine einzige Toilette...
- Haben Sie **Haustiere** in der Wohnung gehalten oder eher draußen? War die Haltung eines Tieres in einer Mietwohnung erlaubt?
- Wann hatten Sie einen ersten „Hörfunkempfänger", also ein **Radio**, im Nazi-Deutschland war das der „Volksempfänger", einen Plattenspieler mit den Single-Platten, einen Schwarz-weiß-Fernsehapparat...?
- Wann hatten Sie ein erstes **Telefon**? In Mietshäusern manchmal ein Telefon im Treppenhaus, für den Gebrauch aller Mieter...
- Was gehörte früher alles in eine **Hausapotheke**, welche Hausmittel im Falle einer Erkrankung und Verletzung gab es? Heilkräuter, wie Baldrian, Kamille, Fenchel... Senfpflaster...
- Wie wurde früher die Wohnstätte **beheizt**? Mit Kohle, Briketts und Holz, später kam dann der Ölofen...
- Wie wurde früher die Wohnstätte **beleuchtet**? Mit Petroleum, Gas und dann elektrischem Licht... Wie sahen die Gasleitungen aus, und wie wurde das Licht eingeschaltet?...

Auf Seite 6 Einführungstexte zu diesen Fragen oder Beispielen

Freizeit und Freizeitgestaltung

- **Begegnungsstätten** von früher: Wo haben Sie sich mit anderen Freunden und Bekannten getroffen? Straßen- und Tanzcafes, Waldcafes, Hütten und Naturfreunde-Haus...
- **Feste** und besondere Anlässe zum Feiern: Das Maifest, mit dem Maibaum und Maitanz, Johannisfest, mit Lagerfeuer und „Wein, Weib und Gesang"... Das Erntedankfest, die Kirchweih... Wie haben Sie früher ihren Geburtstag gefeiert? Die Fastnacht, Fasching, haben Sie sich verkleidet...? Welche Besonderheiten gibt es in der Fastnachtzeit...?
- Waren Sie in einem Wander- oder **Gesangverein**? (siehe auch unter „Volkslieder") Wo sind Sie gewandert?
- Waren Sie oft im **Kino**? (siehe auch unter „Filme
- Haben Sie gerne **Sport** getrieben? Was haben Sie in der Schule geturnt? Sind Sie gerne geschwommen...? (siehe auch unter „Sport und Sportler")
- Mit welchen **Spielsachen** haben Sie als Kind gespielt? Puppe, Puppenküche, Kaufmannsladen, Kreisel, Holzeisenbahn, Schaukelpferd...

2. Berufe

Um die Jahrhundertwende war die Arbeit des Mannes noch eher handwerksbezogen, man arbeitete oft im eigenen Familienbetrieb. Es gab aber auch schon großangelegte Fabriken und ohnehin schon seit längerer Zeit die Kohlebergwerke im Ruhrpott. Die Industriearbeit verdrängte allmählich das Handwerk und damit auch viele Berufe. Das Arbeits- und Berufsleben der heute älteren Generation begann in den 20er Jahren, nach dem 1. Weltkrieg. Von der Ausübung eines bestimmten und erlernten Berufes konnte oft gar nicht die Rede sein. Es war schwer, überhaupt eine Anstellung zu finden, die Arbeitsbedingungen waren oft schlecht und Lohnarbeit wurde nicht ausreichend bezahlt. Viele Menschen mußten sich als Hilfsarbeiter und Tagelöhner verdingen. Bildung und Beruf waren damals für Frauen eher unüblich. Zumeist gingen die jungen Mädchen „in Stellung“, d.h. als Haus- und Kindermädchen in eine besser gestellte Familie, bis sie alsbald heirateten und selbst eine Familie gründeten. Viele Frauen mußten dann den oft kargen Lohn ihres Mannes mit Heimarbeit oder als Zugeh- und Reinemachfrau aufbessern.

Die älteren Menschen können sich auch noch an die Berufe und Beschäftigungen erinnern, die bereits in ihrer Kindheit und Jugendzeit allmählich ausstarben. Da war der Gasmann, der Abend für Abend die Gaslaternen mit einem langen Stab anbrannte und der Scherenschleifer, der von Haus zu Haus zog und seine Dienste anbot. Der Fährmann oder Fährer war mit seiner Fähre oder seinem Kahn oft die einzige Verbindung ganzer Regionen, die durch einen Fluß getrennt sind. Der Brückenbau (auch die Staustufen) machte den Einsatz eines Fährbetriebes immer unnötiger. Den Droschkenkutscher hat das Automobil verdrängt... Wenn man früher erkrankte, kam selten ein Arzt. Seine Konsultation war fast immer ein Zeichen für eine ernsthaftere Erkrankung – meist half man sich selbst mit altbewährten Hausmitteln (Lebertran, Schweineschmalz-Brustwickel, Wadenwickel, Senfpflaster...), ging zum Kräuterweib oder holte sich bei der Gemeindeschwester Rat und Pflege. Bei den wenigsten Geburten war früher ein Arzt zugegen. Die fast in jeder größeren Ortschaft ansässige Hebamme – eine „Amme“, die das Kind aus den Geburtskanal „heben“ half – übte ihre Tätigkeit meist bis ins hohe Alter aus.

Man möchte auch über seine eigenen Arbeits- und Lebensumstände sprechen. Viele ältere Menschen haben fast „rund um die Uhr“ gearbeitet, die meisten sind, wenn überhaupt, nur wenige Male in ihrem Leben in Urlaub gefahren bzw. einmal „irgendwohin verreist“, um einmal „etwas anderes zu sehen“!

Fragen und Beispiele hierzu auf Seite 19

Auf Seite 17 Einführungstexte zu diesen Fragen oder Beispielen

Berufe (von früher)

- ❍ Seifensieder
- ❍ Talglichtzieher
- ❍ Pfannenflicker
- ❍ Köhler
- ❍ Scherenschleifer
- ❍ Büchsenmacher
- ❍ Sattler
- ❍ Gürtler
- ❍ Stellmacher, Wagner
- ❍ Glöckner
- ❍ Zimmermann
- ❍ Werkzeugmacher
- ❍ Hufschmied
- ❍ Goldschmied
- ❍ Weber
- ❍ Tuchmacher
- ❍ Spinnerinnen
- ❍ Wäscherinnen
- ❍ Droschken–Kutscher
- ❍ Fährmann
- ❍ Fuhrmann
- ❍ Straßenpflasterer
- ❍ Barbier (früher für: Friseur)
- ❍ Bader (früher für: Arzt)
- ❍ Feldscher (Militärchirurg)
- ❍ Kräuterweib
- ❍ Minnesänger
- ❍ Hofnarr
- ❍ Gouvernante
- ❍ Magd
- ❍ Groß–Knecht
- ❍ Diener, Gemeindediener
- ❍ Stubenmädchen
- ❍ Gießer, Gußschmied
- ❍ Färber, Bleicher
- ❍ Glaser, Bläser
- ❍ Schneider
- ❍ Schreiner
- ❍ Tischler
- ❍ Dachdecker
- ❍ Ziegelbrenner
- ❍ Schlosser
- ❍ Fliesenleger
- ❍ Schornsteinfeger
- ❍ Maurer
- ❍ Brauer, Bierbrauer
- ❍ Schäfer
- ❍ Bauer
- ❍ Stallmeister, Stallbursche
- ❍ Bäcker
- ❍ Fleischer, Fleischhauer
- ❍ Ofenbauer, Ofensetzer
- ❍ Steinmetz, Steinhauer
- ❍ Drechsler
- ❍ Fischer
- ❍ Holzfäller
- ❍ Geigenbauer
- ❍ Gerichtsdiener
- ❍ Advokat
- ❍ Schiffsbauer
- ❍ Wirt
- ❍ Gärtner
- ❍ Matrose
- ❍ Töpfer
- ❍ Kaufmann
- ❍ Bankier
- ❍ Buchdrucker
- ❍ Hutmacher
- ❍ Gemeindeschwester
- ❍ Krankenschwester
- ❍ Altenpfleger
- ❍ Hebamme
- ❍ Kumpel (= Bergmann)
- ❍ Steiger
- ❍ Schuster
- ❍ Uhrmacher
- ❍ Förster, Jagdaufseher
- ❍ Postbote
- ❍ Zugführer
- ❍ Schaffner
- ❍ Bahnhofsvorsteher
- ❍ Lastwagenfahrer

Auf Seite 17 Einführungstexte zu diesen Fragen oder Beispielen

- ❍ Taxifahrer
- ❍ Pilot
- ❍ Mechaniker
- ❍ Elektriker
- ❍ Lehrer
- ❍ Kindergärtnerin
- ❍ Sekretärin
- ❍ Buchhalter
- ❍ Telefonist(in)
- ❍ Bademeister
- ❍ Verkäufer
- ❍ Florist(in), Blumenbinder
- ❍ Koch
- ❍ Hausmeister
- ❍ Feuerwehrmann
- ❍ Polizist
- ❍ Apotheker
- ❍ Metzger

Erkennen Sie den Beruf ?

- ❍ Wer verkauft die Lebensmittel?
- ❍ Wer züchtet das Gemüse und die Blumen?
- ❍ Wer hegt die Tiere im Wald?
- ❍ Wer pflügt und bestellt das Feld?
- ❍ Wer pflegt die alten Menschen im Altenheim?
- ❍ Wer knipst im Zug die Fahrkarte?
- ❍ Wer fährt und lenkt den Zug?
- ❍ Wer fährt den Omnibus?
- ❍ Wer backt das Brot und den Kuchen?
- ❍ Wer verkauft Arzneien und Medikamente?
- ❍ Wer schlachtet das Vieh und macht Wurst?
- ❍ Wer hütet die Schafe?
- ❍ Wer unterrichtet in der Schule?
- ❍ Wer bringt die Post?
- ❍ Wer näht die Kleider?
- ❍ Wer baut ein Haus?
- ❍ Wer deckt das Dach?
- ❍ Wer repariert die Autos?
- ❍ Wer macht Stühle und Tische?
- ❍ Wer beschlägt die Pferde?
- ❍ Wer braut das Bier?
- ❍ Wer macht aus Trauben den Wein?
- ❍ Wer hilft bei einer Geburt?
- ❍ Wer gerbt das Leder?
- ❍ Wer fegt den Kamin?
- ❍ Wer schneidet die Haare?
- ❍ Wer kehrt die Straße?
- ❍ Wer repariert die Schuhe?
- ❍ Wer verkauft Blumen?
- ❍ Wer fährt auf See?

3. Politiker und politische Ereignisse

Im deutschen Reich, zu Beginn dieses Jahrhunderts, sind die heute älteren Menschen geboren, es war die wilhelminische Zeit. An den Kaiser Wilhelm kann man sich noch gut erinnern, an seinem Geburtstag war immer schulfrei. Man weiß auch noch wie Hindenburg ausgesehen hat, er trug einen mächtigen Schnauzbart und einen wilhelminischen Helm, die Pickelhaube. Otto von Bismarck hinterließ Ende des letzten Jahrhunderts ein militärisch ausgerichtetes Deutschland, nach strengen preußischen Sitten. 1914 begann der erste Weltkrieg und damit Hunger, Elend und Tod. Viele haben in dieser Zeit ihren Vater verloren. Nun mußte man zusammen mit der Mutter und den meist vielen Geschwistern für den Broterwerb sorgen. 1918 war der Krieg verloren und Kaiser Wilhelm mußte abdanken. Manche marschierten fähnchenschwingend auf den Straßen und forderten „Wir wollen unseren alten Kaiser Wilhelm wieder haben!", andere demonstrierten unter der Parole „Nie wieder Krieg!". In der Weimarer Republik gab es heftige innenpolitische Auseinandersetzungen. In den Straßen wütete der faschistische Terror gegen Sozialdemokraten und Kommunisten. 1933 gelang Hitler und den Faschisten die Machtergreifung. Daß Hindenburg als Reichspräsident damals Hitler zum Reichskanzler vereidigte, wurde ihm von vielen – im nachhinein – übelgenommen. Am Anfang, so glauben auch heute noch manche alten Menschen, waren die neuen, braunen Machthaber gar nicht so schlecht. 1939 begann der Zweite Weltkrieg. Und es gab wieder Hunger, Elend und Tod. Diesmal waren es die Brüder, Ehemänner und Söhne, die auf dem Schlachtfeld zurückgeblieben sind. Die Gewerkschaften wurden zerschlagen, die sozialdemokratische Partei verboten. Juden, Sozialdemokraten und Kommunisten wurden verfolgt, gefoltert und ermordet. Nach 11 Jahren war das 1000jährige Reich zu Ende. In der Nachkriegszeit herrschte bittere Not. Die ohnehin rationierten Lebensmittelkarten waren oft wertund zwecklos, wenn es doch keine Nahrungsmittel gab. Die Kleinkinder mußte man oft mit Mager- und Wassermilch „abspeisen". Auf den Straßen gab es nur noch wenige streunende Katzen und Hunde. Man kennt den bitteren Kern des Sprichworts „in der Not frißt der Teufel Fliegen".Trümmerfrauen räumten in den zerbombten Städten den Schutt beiseite, man sah weder Anfang noch Ende. Die Männer waren tot, verletzt, oder in Gefangenschaft.

Konrad Adenauer, der erste deutsche Bundeskanzler, regelte anfang der 50er Jahre die Heimkehr der letzten Soldaten aus russischer Gefangenschaft. Auf dem Bahnhof begrüßten Frauen ihre Männer, man hatte sich 10 Jahre und mehr nicht mehr gesehen, war sich fremd geworden... Man erinnert sich auch noch an die Berliner Luftbrücke im Jahre 1949 und an den Bau der Berliner Mauer 1961. Die Zeit war noch oder schon wieder kriegsschwanger! Die Kuba-Krise 1962 hielt noch einmal die Welt in Atem. Die meisten Bürger rechneten wieder ernsthaft mit einer kriegerischen Konfrontation. Und da man sich noch sehr genau an die Lebensmittelengpässe und die große Hungersnot erinnern konnte, begann jede Familie mit dem „Hamsterkauf", ganze Lebensmittelgeschäfte waren leer- und ausverkauft. Über das politische Leben in ihrer Vergangenheit sagen fast alle älteren Menschen: „Es waren ganz schlechte Zeiten, nie wollten wir so etwas noch einmal erleben, hoffentlich bleiben unseren Nachkommen diese bitteren Erfahrungen erspart..."

Fragen und Beispiele hierzu auf Seite 23

Auf Seite 21 Einführungstexte zu diesen Fragen oder Beispielen

Politiker

Deutsches Reich und Weimarer Republik

- **Otto von Bismarck**, preußischer Staatsmann und deutscher Reichskanzler von 1871-1890; verabschiedete die „Sozialistengesetze" gegen die Arbeiterbewegung und die Sozialdemokraten; führte die Sozialversicherung ein; sein Name steht auch im Zusammenhang mit Obrigkeitsstaat, Untertanengeist und Militarismus
- **Kaiser Wilhelm II**, letzter deutscher Kaiser, Rücktritt nach Kriegsende 1918
- **Philipp Scheidemann**, Sozialdemokrat, ruft während den revolutionären Unruhen im November 1918 in Berlin die Republik aus
- **Rosa Luxemburg und Karl Liebknecht**, linke Opposition (Spartakus), 1919 von Freikorpsoffizieren in Berlin ermordet
- **Friedrich Ebert**, erster Reichspräsident der Weimarer Republik
- **Gustav Streesemann**, Reichskanzler in der Weimarer Republik
- **Paul von Hindenburg**, deutscher Generalfeldmarschall seit 1914; 1925-34 deutscher Reichspräsident

Nationalsozialismus

- **Adolf Hitler**, der „Führer"
- **Josef Goebbels**, Reichsminister für Volksaufklärung und Propaganda
- **Heinrich Himmler**, Reichsinnenminister und Führer der SS; errichtete das System der Konzentrations- und Vernichtungslager
- **Adolf Eichmann**, Leiter des Judenreferats, führte die so genannte Endlösung der Judenfrage durch; konnte nach Kriegsende nach Argentinien fliehen, wurde vom israelischen Geheimdienst aufgespürt und 1962 in Israel hingerichtet
- **Hermann Göring**, Reichsmarschall und Führer der SA; maßgeblich beteiligt an der Vernichtung der Juden und dem Einsatz ausländischer Arbeitskräfte zur Zwangsarbeit
- **Roland Freisler**, Präsident des Volksgerichtshofes, der „Blutrichter"

Auf Seite 21 Einführungstexte zu diesen Fragen oder Beispielen

Im Widerstand

- **Geschwister Hans und Sophie Scholl**, Studenten, gründeten die studentische Oppositionsgruppe „Weiße Rose“; bei einer Flugblattaktion in München 1943 verhaftet und hingerichtet
- **Graf Schenk von Stauffenberg**, Offizier, Oberst und Stabschef beim Allgemeinen Heeresamt, Befehlshaber des Ersatzheeres, 20.7.1944 Bombenattentat auf Hitler im Führerhauptquartier „Wolfsschanze“, wurde standrechtlich erschossen
- **Wilhelm Leuschner**, Leiter gewerkschaftlicher Widerstandsgruppen, 1944 hingerichtet
- **Julius Leber**, SPD, Chefredakteur des „Lübecker Volksboten“, 1945 hingerichtet
- **Die „Rote Kapelle“**, von der Gestapo geprägter Sammelbegriff verschiedenster Widerstandsgruppen
- Der **„Kreisauer Kreis“**, benannt nach dem Gut Kreisau des Grafen von Moltke; christlich ausgerichtet; geheimes Diskussionsforum

Die Zeit nach dem 2. Weltkrieg, die Nachkriegsjahre

- Die Alliierten **Roosevelt, Churchill** und **Stalin** treffen sich auf der Halbinsel Krim (Krimkonferenz, Aufteilung des besiegten deutschen Reiches)
- **Konrad Adenauer** wird erster deutscher Bundeskanzler, es folgen: Ludwig Erhard, Kurt Georg Kiesinger, Willi Brandt, Helmut Schmidt, Helmut Kohl...
- **Theodor Heuss** wird erster deutscher Bundespräsident, es folgen: Heinrich Lübke, Gustav Heinemann, Walter Scheel, Karl Carstens, Richard von Weizsäcker...
- **Fritz Reuter**, erster Oberbürgermeister in Berlin, nach 1945
- **Walter Kolb**, erster Oberbürgermeister in Frankfurt, nach 1945
- **Kurt Schuhmacher**, erster Vorsitzender der SPD, nach Kriegsende
- **Walter Ulbricht**, Staatsratsvorsitzender der DDR
- **J.F. Kennedy**, Kuba-Krise 1962; sagte in Berlin den legendären Satz „Ich bin ein Berliner!“

4. Der Heimatort

Viele Menschen haben Zeit ihres Lebens in ein und derselben Stadt oder Umgebung gewohnt. Man kann sich noch erinnern, in welche Schule man gegangen ist und in welcher Straße man wohnte. Man erinnert sich an damalige Begegnungsstätten wie z.B. Cafes, die es heute gar nicht mehr gibt oder die jetzt einen anderen Namen tragen. Man weiß auch noch, in welcher Kirche man geheiratet hat und in welchem Lokal – zumindest für die etwas besser gestellten Leute – das Hochzeitsmahl eingenommen wurde. Man kennt auch noch das eine oder andere Bauwerk, das im Krieg zerstört wurde und nun gar nicht mehr existiert, oder einfach „völlig falsch“ nachgebaut wurde, so manche kritischen Stimmen. Manche haben im Laufe der Kriegs- und Nachkriegsjahre den Wohnort gewechselt – hauptsächlich Menschen aus den damaligen Ostgebieten -, aber auch sie sind mittlerweile heimisch geworden und sie kennen ihre Region und „ihre“ Stadt „in- und auswendig“. Man kennt auch noch den einen oder anderen lokalen Vorfall, ...vielleicht einen kleinen Skandal, eine mögliche Katastrophe und dergleichen mehr. Auf jeden Fall kennt man sie noch, die einmal dagewesenen lokalen Persönlichkeiten und Größen, die Sehenswürdigkeiten, Feste und Kuriositäten seiner Stadt und Umgebung. An diesem Ort hat sich ein Stück eigener Lebensgeschichte ereignet und man erinnert sich gerne daran.

Fragen und Beispiele hierzu auf Seite 27

Auf Seite 25 Einführungstexte zu diesen Fragen oder Beispielen

hier: am Beispiel Frankfurt und Umgebung

Frankfurter Persönlichkeiten

- **Bettina Brentano**, Schriftstellerin, Anfang 19. Jahrh.
- **Bertha von Suttner**, Schriftstellerin, „Die Waffen nieder“
- **Anna Seghers**, Schriftstellerin, „Das siebte Kreuz“ (verfilmt mit Spencer Tracy, Schauplatz ist Frankfurt); arbeitete im Nazi-Deutschland im Widerstand
- **Bertha Pappenheim**, Leiterin des jüdischen Mädchenwaisenhauses in Frankfurt; wurde 1936 ermordet
- **Johanna Kirchne**r, Arbeiterwohlfahrt und SPD, 1944 hingerichtet
- **August Stunz**, Arbeiterbewegung und SPD
- **Rosa Luxemburg**, Kommunistin, 1919 zusammen mit **Karl Liebknecht** in Berlin ermordet
- **Walter Kolb**, erster Oberbürgermeister nach 1945
- **Rudi Arndt**, Oberbürgermeister
- **Friedrich Stoltze**, Dichter nach Frankfurter Mundart
- **Ernst May**, Architekt in den 50er Jahren
- Die **Rothschilds**, Bankierfamilie
- Die **Nitribit**, berühmte Lebedame in den 50er Jahren, in der Kaiserstraße ermordet
- **Käthe Paulus**, Luft- und Freiballonfahrt in den 20er Jahren; startete immer im Frankfurter Zoo
- **Elly Beinhorn**, große Sportfliegerin, zahlreiche Flugrekorde und Weltflüge; war mit **Bernd Rosenmeyer** (Rennfahrer, Großer Preis von Deutschland und Italien, in den 30er Jahren) verheiratet, der 1938 bei Mörfelden verunglückte

Frankfurter Begegnungsstätten

- **Gasthaus Heyland**, Spitzname „höchster Berg der Welt“, war gegenüber dem Römer (Rathaus), dort wurde das Hochzeitsmahl eingenommen
- **Blaue Bock**, in Sachsenhausen
- **Th. Schneider**, Sachsenhausen, wurde auch der „Heiratsmarkt“ genannt
- **Cafe Laumer**, Bockenheimer Landstraße
- **Cafe Kranzler**, an der Hauptwache
- **Goethe Cafe**, ehemals ausschließlich jüdischer Treffpunkt

Auf Seite 25 Einführungstexte zu diesen Fragen oder Beispielen

- Das **Mohrenköpfchen**, in der Domstraße
- **Schwarzer Stern**, gegenüber vom Römer, dort war früher ein ganz besonders guter Wurstverkauf (existiert heute nicht mehr)
- **Gerbermühle**, am Main, früher mit der stets betrunkenen „Liesl“
- **Oberschweinsstiege**, im Frankfurter Stadtwald
- **Cafe Vogel**, Markthalle/Pfarrgasse

Frankfurter Sehenswürdigkeiten

- Alte Oper
- Römer
- Paulskirche
- Konstabler Wache
- Hauptwache
- Goethehaus
- Der eiserne Steg
- Liebfrauenkirche
- Nikolaikirche
- Senckenbergmuseum
- Palmengarten
- Bockenheimer Warte
- Eschenheimer Turm
- Bornheimer Uhrtürmchen
- Henninger Turm
- Die Zeil
- Die Bergerstraße
- Die „Leibziger“
- Die Freßgass’
- Gerechtigkeitsbrunnen
- Festhalle, Messegelände
- Zoo
- Kaiserdom
- Rententurm
- Rebstock, heute: großes Freibad, früher: Flugplatz, dort landete 1908 erstmals der Zeppelin; 1910 war in Frankfurt die Internationale Luftfahrtausstellung.

Auf Seite 25 Einführungstexte zu diesen Fragen oder Beispielen

Frankfurter Feste und Spezialitäten

- ❍ Frühjahrs- und Herbstmesse, am Eisernen Steg
- ❍ Weihnachtsmarkt, auf dem Römerberg
- ❍ Das Mainfest
- ❍ Wäldchestag, im Frankfurter Stadtwald
- ❍ Dippemess', dort wurden früher Steinguttöpfe aus dem Westerwald verkauft
- ❍ Frankfurter Würstchen
- ❍ Handkäs' mit Musik
- ❍ Äppelwoi, Apfelwein
- ❍ Grüne Soße
- ❍ Bethmännchen
- ❍ Kreppl

Ausflugsziele in die nähere Umgebung

- ❍ Taunus, Mittelgebirge, die Hausberge von Frankfurt

Frühere Möglichkeiten den Taunus zu erreichen:

- ❍ mit dem Schiff, vom Eisernen Steg bis nach Hattersheim und dann zu Fuß
- ❍ mit der Königssteiner Bimmelbahn
- ❍ mit dem Fahrrad
- ❍ oder gleich zu Fuß, dann war man einige Tage unterwegs

Hütten und Waldcafes:

- ❍ Sandplacken
- ❍ Fuchstanz
- ❍ Hardertsmühle
- ❍ Kittelhütte
- ❍ Hennehütte

Ortschaften im Taunus:

- ❍ Bad Soden
- ❍ Königsstein
- ❍ Kronberg
- ❍ Bad Homburg
- ❍ Oberursel
- ❍ Eppenhain
- ❍ Steinbach
- ❍ Kelkheim

5. „Volkstümliches“

Märchen und Geschichten

Es war einmal... vor nicht allzu langer Zeit, da gab es noch keine Sesamstraße mit Ernie und Krümelmonster, Jim Knopf und seine Lokomotive waren noch nicht erfunden, der Löwe hat noch nicht gebrüllt und Urmel lag noch auf dem Eis... Aber es gab die Märchen. Es war meistens die Großmutter, die den Kindern Märchengeschichten erzählte. Die Mutter hatte dafür – zumindest in der ländlichen Großfamilie und den Sommer über – wenig Zeit. Im Winter war das etwas ganz anderes. Die Ernte war eingefahren und man hatte mehr Zeit für Haus und Familie. Der Winter war eine märchenhafte Zeit. Wenn es kalt und – für Kinder – viel zu früh dunkel wurde, dann ließ man sich in der „guten Stube“ nieder. Im Ofen knisterte das Feuer und vielleicht schmorten Äpfel in der (Ofen)Röhre. Aufgebackene Äpfel aß man mit Zucker und Zimt. Die Frauen des Hauses nähten, flickten und strickten – und erzählten nebenher den Kleinen schaurig-spannende Geschichten und Märchen. Wie schön war es da doch, sich wohlig-warm und sicher in Mutters Stübchen zu wissen.

Fragen und Beispiele hierzu auf Seite 33

Sprichwörter

Sprichwörter sind tatsächliche oder vermeintliche Lebensweisheiten, wo jedes Töpfchen sein Deckelchen bekommt. Sie hatten vor allem früher Hochkonjunktur. Es fand in der Tat ein reger Schlagabtausch von Sprichwörtern statt, weswegen die meisten Sprichwörter heute noch von den älteren Menschen spontan geäußert werden können. „Ein langes Fädchen“ beim Nähen und Schneidern deutet da unweigerlich auf ein „faules Mädchen“ hin, das vor sich hinträumt und zu langsam arbeitet. Die unglücklich Verliebte soll die unerreichbare Taube (hier: Täuberich) „auf dem Dach“ lassen und sich mit dem zwar ungeliebten, aber treu ergebenen „Spatz in der Hand“ zufrieden geben. Wer sich schwer tut, morgens aus dem Bett zu steigen, der wird daran erinnert, daß „Morgenstund' Gold im Mund hat“. Probleme und Konflikte anzusprechen und zu diskutieren, war früher in der Familie unüblich, daher der gute Rat, „Reden ist Silber, Schweigen ist Gold“. Und wenn „eine Schwalbe noch keinen Sommer macht“, dann ist dies eine altüberlieferte Naturbeobachtung. Bauernregeln sind die Niederschrift der vielen Erfahrungen in der Auseinandersetzung mit der Natur. Daß aber auf Bauernregeln nicht so ohne weiteres Verlaß ist und von daher alles auch gar nicht so ernst gemeint sein kann, bezeugt das äußerst sinnige Sprichwort: „Kräht der Hahn auf dem Mist, ändert sich das Wetter oder es bleibt, wie es ist“.

Fragen und Beispiele hierzu auf Seite 35

Redewendungen

Die Bedeutung einer Redewendung zu erklären, ist ein gar nicht so leichtes Unterfangen. Oder wer weiß schon aus dem Stegreif, was jemand anrichtet, wenn er „das Kind mit dem Bade ausschüttet“ oder den „Bock zum Gärtner macht“? Man ist schnell versucht, eine Redewendung durch eine andere zu umschreiben. So ist derjenige, der sein „Fähnlein in den Wind hängt“, „weder Fisch noch Fleisch“, wenn jemand „für dich durchs Feuer geht“, dann geht er „mit dir auch durch Dick und Dünn“, und jemanden „den Marsch blasen“ ist so ungefähr dasselbe wie „ihm den Kopf waschen“. Redewendungen haben meistens eine hintergründige Bedeutung und verweisen manchmal auf längst vergangene Zeiten, vergangene Sitten und Gebräuche. Das früher sehr teuere Salz inspirierte zu der Redewendung der „gesalzenen Preise“. Die „Pfeffersäcke“ sind ein Andenken an reiche, geizige Leute, die von dem kostbaren Gewürz Pfeffer nichts abgeben wollten, aber umgekehrt so reich waren, daß sie Pfeffer in Säcken horten konnten. Der „Halsabschneider“ haute einen früher nicht nur „übers Ohr“, sondern schnitt gleich den ganzen Hals ab, es war der Henker. Und die „Lunte“ des feindlichen Soldaten konnte man bei gutem Wind meilenweit „riechen“ und hat damit „Wind (von der Sache) bekommen“.

Fragen und Beispiele hierzu auf Seite 37

Auf Seite 31 Einführungstexte zu diesen Fragen oder Beispielen

Märchen und Geschichten

- ❍ Dornröschen
- ❍ Rumpelstilzchen
- ❍ Aschenputtel
- ❍ Die kleine Meerjungfrau
- ❍ Das tapfere Schneiderlein
- ❍ Schneewittchen
- ❍ Däumelinchen
- ❍ Die wilden Schwäne
- ❍ Hänsel und Gretel
- ❍ Rotkäppchen
- ❍ Der Wolf und die sieben Geißlein
- ❍ Der kleine Muck
- ❍ Schneeweißchen und Rosenrot
- ❍ Brüderchen und Schwesterchen
- ❍ Hans im Glück
- ❍ Die Bremer Stadtmusikanten
- ❍ Frau Holle
- ❍ Der fliegende Koffer
- ❍ Der Schweinehirt
- ❍ Der Hirsedieb
- ❍ Die sieben Schwaben
- ❍ Tischlein deck 'dich, Goldesel und Knüppel aus dem Sack
- ❍ Die Sterntaler
- ❍ König Drosselbart
- ❍ Jorinde und Joringel
- ❍ Der Froschkönig
- ❍ Von einem, der auszog, das Fürchten zu lernen
- ❍ Rapunzel
- ❍ Die Schneekönigin
- ❍ Die Prinzessin auf der Erbse
- ❍ Des Kaisers neue Kleider
- ❍ Das häßliche junge Entlein
- ❍ Die zertanzten Schuhe
- ❍ Die Heinzelmännchen
- ❍ Das kleine Mädchen mit den Streichhölzern
- ❍ Hase und Igel
- ❍ Der gestiefelte Kater
- ❍ Max und Moritz
- ❍ Der Struwelpeter (Hans guck' in die Luft, Paulinchen, der Zappelphilipp, der Suppenkaspar...)
- ❍ Nesthäkchen
- ❍ Trotzköpfchen
- ❍ Heidi
- ❍ Biene Maja
- ❍ Pippi Langstrumpf

Auf Seite 31 Einführungstexte zu diesen Fragen oder Beispielen

Wer kennt welches Märchen?

- ❍ Heute back' ich, morgen brau' ich, übermorgen hol' ich der Frau Königin ihr Kind, ach wie gut, daß niemand weiß..."
- ❍ „Spieglein, Spieglein an der Wand, wer ist die Schönste im ganzen Land?"
- ❍ „Die schlechten ins Kröpfchen, die guten ins Töpfchen!"
- ❍ „Knusper knusper, kneischen, wer knuspert an mein Häuschen?"..."Der Wind, der Wind, das himmlische Kind."
- ❍ „Bäumchen, rüttel dich und schüttel dich, wirf Gold und Silber über mich!"
- ❍ „Rucke di guck, rucke di guck, Blut ist im Schuck, der Schuck ist zu klein, die rechte Braut sitzt noch daheim." „Rucke di guck, rucke die guck, kein Blut ist im Schuck, der Schuck ist nicht zu klein, die rechte Braut, die führt er heim!"
- ❍ „Großmutter, was hast du für große Ohren?", „damit ich dich besser hören kann." „Großmutter, warum hast du so große Augen?", „damit ich dich besser sehen kann." „Großmutter, warum hast du einen so großen Mund?", „damit ich dich besser fressen kann!"
- ❍ welche Prinzessin sticht sich an einer Spindel und das

Auf Seite 32 Einführungstexte zu diesen Fragen oder Beispielen

Sprichwörter

- ❍ Morgen, morgen nur nicht heute, sagen alle faulen Leute
- ❍ Die Axt im Haus ersetzt den Zimmermann
- ❍ Man soll den Tag nicht vor dem Abend loben
- ❍ Lügen haben kurze Beine
- ❍ In der Kürze liegt die Würze
- ❍ Morgenstund' hat Gold im Mund
- ❍ Messer, Gabel, Scher' und Licht gehören kleinen Kindern...
- ❍ Langes Fädchen, faules Mädchen
- ❍ Wer im Glashaus sitzt, soll nicht mit Steinen werfen
- ❍ Früh übt sich, was ein Meister werden will
- ❍ Wer andern eine Grube gräbt, fällt selbst hinein
- ❍ Was du heute kannst besorgen, das verschiebe nicht ...
- ❍ Was Hänschen nicht lernt, lernt Hans nimmermehr
- ❍ Viele Köche verderben den Brei
- ❍ Eine Schwalbe macht noch keinen Sommer
- ❍ In der Not frißt der Teufel Fliegen
- ❍ Steter Tropfen höhlt den Stein
- ❍ Wer einmal lügt, dem glaubt man nicht, und wenn er auch...
- ❍ Ein Spatz in der Hand ist besser als die Taube auf dem Dach
- ❍ Früh krümmt sich, was ein Häkchen werden will
- ❍ Ein Unglück kommt selten allein
- ❍ Wie man sich bettet, so liegt man
- ❍ Es ist noch kein Meister vom Himmel gefallen
- ❍ Wer nicht hören will, muß fühlen
- ❍ Die Katze läßt das Mausen nicht
- ❍ Was man nicht im Kopf hat, muß man in den Beinen haben
- ❍ Was der Bauer nicht kennt, frißt er nicht
- ❍ Was ich nicht weiß, macht mich nicht heiß
- ❍ Stille Wasser gründen tief
- ❍ Auch ein blindes Huhn findet mal ein Korn
- ❍ Der Krug geht so lange zum Brunnen bis er bricht
- ❍ Geteiltes Leid ist halbes Leid
- ❍ Was du nicht willst, das man dir tu, das füg' auch keinem...
- ❍ Der Apfel fällt nicht weit vom Stamm
- ❍ Es ist nicht alles Gold was glänzt

Auf Seite 32 Einführungstexte zu diesen Fragen oder Beispielen

- ❍ Ein gutes Gewissen ist ein sanftes Ruhekissen
- ❍ Wie man in den Wald hineinruft, so schallt es zurück
- ❍ Aller Anfang ist schwer
- ❍ Eigener Herd ist Goldes wert
- ❍ Schuster bleib' bei deinen Leisten
- ❍ Der Mensch lebt nicht vom Brot allein
- ❍ Kräht der Hahn auf dem Mist, ändert sich das Wetter oder...
- ❍ Marmor, Stein und Eisen bricht, aber unsere Liebe nicht
- ❍ Wer zuletzt lacht, lacht am Besten
- ❍ Neue Besen kehren gut
- ❍ Wenn die Katze aus dem Haus ist, tanzen die Mäuse auf dem...
- ❍ Essen und Trinken hält Leib und Seele zusammen
- ❍ Frisch gewagt ist halb gewonnen
- ❍ Ein gebranntes Kind scheut das Feuer
- ❍ Wer A sagt, muß auch B sagen

Auf Seite 32 Einführungstexte zu diesen Fragen oder Beispielen

Redewendungen

- ❍ Gesalzene Preise
- ❍ Lunte riechen
- ❍ Pfeffersäcke
- ❍ Halsabschneider
- ❍ Jemanden nicht riechen können
- ❍ Jemandem auf den Leim gehen
- ❍ Zu Kreuze kriechen
- ❍ Jemanden an der Nase herumführen
- ❍ Um den heißen Brei reden
- ❍ Sich ins gemachte Nest setzen
- ❍ Das Kind mit dem Bade ausschütten
- ❍ Aus einer Mücke einen Elefanten machen
- ❍ Halsabschneider
- ❍ Ein Wolf im Schafspelz
- ❍ In die Luft gehen können
- ❍ Wie ein Elefant im Porzellanladen
- ❍ Mit dem Kopf durch die Wand gehen
- ❍ Wie ein Kamel durchs Nadelöhr...
- ❍ Wie bestellt und nicht abgeholt
- ❍ Ein Mauerblümchen
- ❍ Sich den Mund fusselig reden
- ❍ Reden wie ein Wasserfall
- ❍ Gardinenpredigt halten
- ❍ Den Bock zum Gärtner machen
- ❍ Die Ohren auf Durchzug stellen
- ❍ Auf der Leitung stehen, eine lange Leitung haben
- ❍ Die Hosen anhaben
- ❍ Klinkenputzer sein
- ❍ Es wird alles nicht so heiß gegessen wie gekocht
- ❍ Eine Hand wäscht die andere
- ❍ Auf dem Teppich bleiben
- ❍ Jemanden die Schneid' abkaufen
- ❍ Ein Judas sein
- ❍ Sein Herz verschenken
- ❍ Pfennigfuchser
- ❍ Ein Hausdrachen, Hauskreuzerl
- ❍ Jemanden sitzen lassen
- ❍ Sich aus dem Staub machen
- ❍ In den Boden versinken wollen
- ❍ Wenn der Haussegen schief hängt
- ❍ Jemanden auf die Folter spannen

Auf Seite 32 Einführungstexte zu diesen Fragen oder Beispielen

- ❍ Gegen den Strom schwimmen
- ❍ Sich ins Abseits stellen
- ❍ Von allen guten Geistern verlassen zu sein
- ❍ Aus allen Wolken fallen
- ❍ Vom Schlag getroffen werden
- ❍ Mit jemandem durch Dick und Dünn gehen
- ❍ Zusammenhalten wie Pech und Schwefel
- ❍ Wie Hund und Katze
- ❍ Katz- und Mausspiel treiben
- ❍ Jemanden in die Enge treiben
- ❍ Jemanden zur Weißglut bringen
- ❍ Jemanden hinters Licht führen
- ❍ Es geht einem ein Licht auf
- ❍ Der Groschen ist gefallen
- ❍ Farbe bekennen
- ❍ Jemandem die Suppe versalzen
- ❍ Jemandem einen Bären aufbinden
- ❍ Die Kirche im Dorf lassen
- ❍ Auf der Hut sein
- ❍ Etwas unter den Teppich kehren
- ❍ Morgens mit dem falschen Fuß aufstehen
- ❍ Die Segel in den Wind hängen
- ❍ Klar Schiff machen
- ❍ Einen Kater haben
- ❍ Blau wie ein Veilchen sein
- ❍ Sich eine feine Suppe einbrocken
- ❍ Mit jemandem Schlitten fahren
- ❍ Jemanden aufs Glatteis führen
- ❍ In einem Boot sitzen
- ❍ Auf Messers Schneide
- ❍ Um Haaresbreite
- ❍ Paßt zusammen wie die Faust aufs Aug'
- ❍ Den Nagel auf den Kopf treffen
- ❍ Der Punkt auf dem „i“
- ❍ Der Nabel der Welt
- ❍ Süssholz raspeln
- ❍ Mit der Tür ins Haus fallen
- ❍ Mit jemandem ein Hühnchen rupfen
- ❍ Jemandem den Ast absägen
- ❍ Auf die Pauke hauen
- ❍ Die Flinte ins Korn werfen
- ❍ Ein Hasenfuß sein
- ❍ Den Kopf in den Sand stecken

Auf Seite 32 Einführungstexte zu diesen Fragen oder Beispielen

- ❍ Sich das eigene Grab schaufeln
- ❍ Sich am Riemen reißen
- ❍ Die Zähne zusammenbeißen
- ❍ Nägel mit Köpfen machen
- ❍ Etwas auf die leichte Schulter nehmen
- ❍ Ohne Faß und Boden
- ❍ ...da wächst kein Gras mehr
- ❍ Das Gras wachsen hören
- ❍ ...da ist Hopfen und Malz verloren
- ❍ Von der Pike auf
- ❍ Das Haar in der Suppe
- ❍ Durchgebrannt...abgebrannt
- ❍ Jemandem auf die Pelle rücken
- ❍ Dickes Fell haben
- ❍ Sich etwas nicht träumen lassen
- ❍ Zerbrechlich wie Glas sein
- ❍ Nervtöter, Sargnagel
- ❍ Jemandem den Rücken kehren
- ❍ Sich biegen vor Lachen
- ❍ Sich reinwaschen (wollen)
- ❍ Jemandem die Leviten lesen
- ❍ Aufs falsche Pferd setzen
- ❍ Wenns einem den Magen rumdreht...
- ❍ Sich nach der Decke strecken (müssen)
- ❍ Den Gürtel enger schnallen (müssen)
- ❍ Mit den Hühnern aufstehen und zu Bett gehen
- ❍ Auf den Kopf gefallen
- ❍ Wie ein Ochs' vorm Berg
- ❍ Die Kohlen aus dem Feuer holen
- ❍ Jemand hat Blut gerochen
- ❍ Feuer unterm Hintern
- ❍ Das Fell über die Ohren ziehen
- ❍ Ein Kuckucksei ins Nest gelegt
- ❍ Den Sündenbock spielen, Sündenbock sein
- ❍ Sich wie ein Aal winden
- ❍ Dahin schicken, wo der Pfeffer wächst
- ❍ Jemandem den Wind aus den Segeln nehmen
- ❍ Wenn einer den Kopf verliert
- ❍ Sich in die Brennesseln setzen
- ❍ Sich eine Eselsbrücke bauen
- ❍ Unter die Räder kommen
- ❍ Nach einem die Sintflut
- ❍ Fensterln

Auf Seite 32 Einführungstexte zu diesen Fragen oder Beispielen

- ❍ Auf der Lauer liegen
- ❍ Etwas geht einem gegen den Strich
- ❍ Etwas ist nicht (ganz) koscher
- ❍ Sich von der Schokoladenseite zeigen
- ❍ Bis über beide Ohren verliebt sein
- ❍ Perlen vor die Säue werfen
- ❍ Jemandem den Laufpaß geben
- ❍ Staub aufwühlen
- ❍ Ein Schwerenöter
- ❍ Ein Hinterwäldler
- ❍ Jemandem den Kopf verdrehn
- ❍ Nach Strich und Faden
- ❍ ...daß einem Hören und Sehen vergeht
- ❍ Eigenbrötler
- ❍ Sich mit Lorbeeren schmücken
- ❍ Einen Strich durch die Rechnung machen
- ❍ Es liegt auf der Zunge
- ❍ Ein Don Juan
- ❍ Casanova
- ❍ Ein Grünschnabel, Greenhorn
- ❍ Noch feucht hinter den Ohren
- ❍ Ein Ohrwurm
- ❍ Scheinheilige(r)
- ❍ Pharisäer
- ❍ Ein Mimöschen
- ❍ Mit Engels Zungen reden
- ❍ Wie ein räudiger Hund
- ❍ Der Rubel rollt
- ❍ Jemandem aufs Dach steigen
- ❍ (Warten bis...) kurz vor Zwölf
- ❍ Aus der Haut fahren
- ❍ Jemanden in die Wüste schicken
- ❍ Jemandem Dampf machen
- ❍ Neunmalkluger
- ❍ Dreikäsehoch
- ❍ Waidmanns Heil
- ❍ Hals und Beinbruch
- ❍ Glück auf!
- ❍ Jemand soll vor seiner eigenen Tür kehren
- ❍ Strohwitwe(r)
- ❍ Jemandem Hörner aufsetzen
- ❍ Etwas auf die Reihe bringen
- ❍ Jemand kann zwei und zwei nicht zusammenzählen

Auf Seite 32 Einführungstexte zu diesen Fragen oder Beispielen

- ❍ Ein Wermutstropfen
- ❍ Wie eine Nadel im Heuhaufen
- ❍ Wie Sand am Meer
- ❍ Jemandem auf die Sprünge helfen
- ❍ In die Bresche schlagen
- ❍ Schnee von gestern
- ❍ Zukunftsmusik
- ❍ Etwas auf Eis legen
- ❍ Eine kalte Dusche verabreichen, erhalten
- ❍ Bei jemandem einen Stein im Brett haben
- ❍ Ein Stubenhocker sein
- ❍ Affenliebe
- ❍ Krokodilstränen vergießen
- ❍ Ein Nesthäkchen
- ❍ Ein Zappelphilipp
- ❍ Ein Spanner
- ❍ Ein Grandelhuber (bayrisch)
- ❍ Seemannsgarn
- ❍ Eine Brillenschlange
- ❍ Fauler Zauber
- ❍ Ein Scharlatan
- ❍ Ein schwarzes Schaf sein
- ❍ Am Schürzenrock (der Mutter) hängen
- ❍ Den schwarzen Peter ziehen
- ❍ Hahn im Korb
- ❍ Die eingebrockte Suppe auslöffeln
- ❍ Schürzenjäger
- ❍ Luftikus
- ❍ Große Augen machen
- ❍ Von Blitz und Donner getroffen
- ❍ Vom Teufel geritten
- ❍ Im Hemd dastehen
- ❍ Spießrutenlauf
- ❍ Teufelskreis
- ❍ Jemanden zum Fressen gern' haben
- ❍ Für jemanden durchs Feuer gehen
- ❍ Schwarz auf weiß...
- ❍ Nach Adam Riese...
- ❍ Zwei Fliegen mit einer Klappe
- ❍ Über den Wolken schweben
- ❍ Die Rechnung ohne den Wirt machen
- ❍ Auf zwei Hochzeiten tanzen
- ❍ Wie von einer Tarantel gestochen

Auf Seite 32 Einführungstexte zu diesen Fragen oder Beispielen

- ❍ Einen Lichtblick haben
- ❍ Jemandem ein Schnippchen schlagen
- ❍ ...bis Gras drüber wächst
- ❍ Eine Sache erstmal überschlafen
- ❍ Jemanden vor den Karren spannen
- ❍ Die heißen Kartoffeln aus dem Ofen (selber) holen
- ❍ Sich ins Schneckenhaus zurückziehen
- ❍ Jemandem den Nerv töten
- ❍ Wie vom Donner gerührt
- ❍ Die kalte Schulter zeigen
- ❍ Berge versetzen (wollen)
- ❍ Im siebenten Himmel zu sein
- ❍ Jemanden vor den Kopf treffen
- ❍ Einen alten Baum versetzen
- ❍ Sich ins Bockshorn jagen lassen
- ❍ Vom Regen in die Traufe kommen
- ❍ Etwas übers Knie brechen wollen
- ❍ Sauregurkenzeit
- ❍ Der Ofen ist aus
- ❍ Auf Biegen und Brechen
- ❍ Auf Teufel komm' raus
- ❍ Jemandem den Marsch blasen
- ❍ Die Ohren spitzen
- ❍ ...ein Mäuslein sein wollen
- ❍ Jemandem auf die Finger schauen (müssen)
- ❍ Lange Finger haben
- ❍ Ins Fettnäpfchen treten
- ❍ Betthupferl
- ❍ Jemandens Steckenpferd sein, ein Steckenpferd haben
- ❍ Das Ei des Kolumbus
- ❍ Casus belli
- ❍ Mea culpa
- ❍ Einen Kniefall machen, fordern
- ❍ Den siebten Sinn haben
- ❍ Auf jemanden ein Auge werfen
- ❍ Jemandem den Kopf waschen
- ❍ (Als Kind) zu heiß gebadet
- ❍ Jemand hat es faustdick hinter den Ohren
- ❍ Etwas hat einen Haken
- ❍ Da liegt der Hund begraben
- ❍ Eine Göre
- ❍ Schwerer Junge
- ❍ Leichtes Mädchen

6. Lieder und Gesang

Volkslieder und Kinderreime

Volkslieder gibt es seit dem Mittelalter. Sie wurden zunächst mündlich überliefert, von einer Generation zur anderen weitergegeben und waren eng mit einer bestimmten Gruppe und Umgebung verbunden. Daher der Name Volkslied. Als es noch kein „Grammophon" gab, geschweige denn einen „Hörfunkempfänger", war man auf alt-überlieferte Lieder und Melodien verwiesen, wenn man seinem Gefühl und seiner momentanen Stimmung einmal musikalischen Ausdruck verleihen wollte. Wander- und Gesangvereine waren um die Jahrhundertwende bis weit in die 30er Jahre sehr populär. „Im Frühtau zu Berge" zog man hinaus in „Gottes schöne Welt"... Lieder und Melodien können entspannen, lustig machen und trösten, daher auch die vielen Kinderreime von „Fuchs, du hast die Gans gestohlen..." bis zu dem „Trostpflästerchen" „Heile, heile Gänschen...". Kinderreime sind auch musikalisches Beiwerk beim Spiel, so z.B. „Dornröschen war ein schönes Kind..." (Tanzspiel)... Lieder und Melodien können beruhigen und ein Gefühl der Geborgenheit vermitteln, daher die vielen Wiegen- und Gute-Nacht-Lieder.

Fragen und Beispiele hierzu auf Seite 45

Schlager und Chansons

„Komm' in meine Liebeslaube" und „Püppchen, du bist mein Augenstern" tönten 1910 aus dem Grammophon und blieben über Jahre hinweg Superhits. Die älteren Menschen von heute waren damals noch Kinder oder noch gar nicht geboren, aber „Püppchen" und die „Liebeslaube" kennen sie alle. Das dürfte auch auf die „kleine Konditorei" zutreffen. Cafehäuser waren beliebte und salonfähige Begegnungsstätten, manche besaßen auch eine kleine Tanzfläche, auf jeden Fall aber ein „elektrisches Klavier", „das klimpert leise, auf seine Weise von Liebesleid und Weh...".

Fragen und Beispiele hierzu auf Seite 48

Operettenmelodien, Interpreten , Tänze

Die gängigsten Operettenmelodien sind fast allen alten Menschen noch geläufig, wenn auch nicht immer mit Text. Es empfiehlt sich ein paar Textzeilen vorzugeben – sofern man sie selber kennt – und auf einmal kann man sich wieder erinnern: „Dein ist mein ganzes Herz, wo du nicht bist, kann ich nicht sein. So wie eine Blume welkt, die nicht geküßt vom Sonnenschein...".

Die große Callas haben zwar die wenigsten jemals singen gehört, aber wem ihr Herz gehörte, wußte und weiß jeder. Es war der große Reederkönig Onassis, das Ausmaß seines Reichtums konnte man sich damals gar nicht vorstellen.

Interpreten wie Rudolf Schock, Anna Moffo und andere, waren dann alsbald aus dem Fernsehen bekannt.

Auch der große Caruso mit seinem „Lied", das „durch die Welt" ging, bleibt unvergessen. Ebenso unvergeßlich ist wohl ein kleiner blonder Holländer namens „Heintje". Er rührte mit seinem Lied „Mamatschi, schenke mir ein Pferdchen" die Herzen aller Mütter und Großmütter – es war schon fast tragisch, daß auch Heintjes knabenhafte Stimme einmal zu Bruch gehen mußte.

Spätestens mit dem Hard-Rock verstand die ältere Generation die Jugend von heute nicht mehr. „Wie eine wildgewordene Horde" räkelt sich die Jugend auf der Tanzfläche, völlig enthemmt und in Ekstase verloren und ohne Bindung an eine Tanzschrittführung mit einem Partner. War Damenwahl früher etwas ganz Besonderes und wurde vom Tanzveranstalter gebührend angekündigt, fordern auf einmal die Mädchen ganz ungeniert die Jungen auf oder tanzen gleich selber untereinander. Früher war das natürlich ganz anders: beim Charleston schwang man anständig das Bein und das entzückend-reizende Strumpfband war schließlich funktioneller Natur.

Die meisten alten Menschen erinnern sich gerne an *ihre* verkannte, auch so gefährdete Jugendzeit. Früher waren die wenigen Tanzveranstaltungen – Kirchweih, Johannisnacht, Maifest... – eine wichtige Begegnungsstätte, wo man einen Partner kennenlernen konnte, vor allem dann, wenn z.B. zur Kirchweih auch die Jugend aus anderen Dörfern und Orten zu Gast war. Viele alte Menschen haben früher „leidenschaftlich" getanzt. Der Tanz war die einzige Möglichkeit sich in der Öffentlichkeit ohne Sanktionen zu berühren – und so manche gestrenge Mama konnte dann zwar ihre Tochter beim Tanzen sehen, aber doch nichts hören.

Fragen und Beispiele hierzu auf Seite 51

Auf Seite 43 Einführungstexte zu diesen Fragen oder Beispielen

Volkslieder und Kinderreime

- ❍ Wir lagen vor Madagaskar
- ❍ Wenn die bunten Fahnen wehen
- ❍ Jenseits des Tales standen ihre Zelte
- ❍ Tanz' mit mir, tanz' mit mir,
  hab' 'ne weiße Schürze für...
- ❍ Schwesterchen, komm' tanz' mit mir
- ❍ Alles neu macht der Mai
- ❍ Kommt ein Vogel geflogen
- ❍ Die goldene Sonne, bringt Freude und Wonne
- ❍ Wenn ich ein Vöglein wär'
- ❍ An der Saale hellem Strande
- ❍ Ein Jäger aus Kurpfalz
- ❍ Im Frühtau zu Berge
- ❍ Alle Vöglein sind schon da
- ❍ Komm' lieber Mai und mache die Bäume wieder grün
- ❍ Der Mai ist gekommen, die Bäume schlagen aus
- ❍ Wem Gott will rechte Gunst erweisen
- ❍ Wenn wir erklimmen schwindelnde Höhen
- ❍ Wer will unter die Soldaten, der muß haben ein Gewehr
- ❍ Wer will fleißige Handwerker sehn
- ❍ Es waren zwei Königskinder
- ❍ Der Mond ist aufgegangen
- ❍ Kein schöner Land
- ❍ Am Brunnen vor dem Tore
- ❍ Sah ein Knab' ein Röslein stehn
- ❍ Es klappert die Mühle am rauschenden Bach
- ❍ Wenn alle Brünnlein fließen
- ❍ Mein Vater war ein Wandersmann
- ❍ Im schönsten Wiesengrunde
- ❍ Ich weiß nicht, was soll es bedeuten
- ❍ Nun ade du mein lieb' Heimatland
- ❍ Laß doch der Jugend ihren Lauf
- ❍ Oh du lieber Augustin
- ❍ Das Wandern ist des Müllers Lust
- ❍ Auf, auf zum fröhlichen Jagen
- ❍ Horch was kommt von draußen rein
- ❍ Muß i denn, muß i denn zum Städele hinaus
- ❍ Hoch auf dem gelben Wagen
- ❍ Lustig ist das Zigeunerleben
- ❍ Hab' mein Wage' vollgelade'
- ❍ Zwei Vöglein wollten Hochzeit halten

Auf Seite 43 Einführungstexte zu diesen Fragen oder Beispielen

- ❍ Ade nun zur guten Nacht
- ❍ Nun hasset die Sorgen und jaget sie gar
- ❍ Gar fröhlich zu singen, so heben wir an
- ❍ Im Märzen der Bauer die Rößlein anspannt
- ❍ Nun will der Lenz uns grüssen
- ❍ Ich kauf' mir lieber 'nen Tiroler Hut
- ❍ Drei Chinesen mit 'nem Kontrabaß
- ❍ Maikäfer flieg'
- ❍ Rosestock, Holderblü, wenn i mei Dirndel sieh'
- ❍ Ach, wie ist's möglich dann, daß ich dich lassen kann
- ❍ Die Blümelein, sie schlafen schon längst im Mondenschein
- ❍ Guten Abend, gute Nacht
- ❍ Schlaf', Kindlein schlaf', der Vater hüt' die Schaf'
- ❍ Aber heidschi bumbeidschi
- ❍ Es is scho glei dumba
- ❍ Bin i jüngst verwicha
- ❍ Weißt du wieviel Sternlein stehen
- ❍ Auf de schwäbsche Eisenbahne
- ❍ Ich bin der Doktor Eisenbart
- ❍ In einem kühlen Grunde, da geht ein Mühlenrad
- ❍ Oh, du schöner Westerwald
- ❍ Und in dem Schneegebirge, da fließt ein Brünnlein kalt
- ❍ Tief drin im Böhmerwald, da ist mein Heimatort
- ❍ Drunten im Unterland, da ist's halt fein
- ❍ Ich bin a Steirer Bua und hab' a Kernnatur
- ❍ Von Luzern auf Wäggis zu
- ❍ Die Gedanken sind frei
- ❍ Brüder, reicht die Hand zum Bunde
- ❍ Wahre Freundschaft kann nicht wanken
- ❍ Üb' Treu' und Redlichkeit
- ❍ Stehn zwei Stern am hohen Himmel
- ❍ Es freit ein wilder Wassermann
- ❍ Glück auf, der Steiger kommt
- ❍ Im Wald und auf der Heide, da such' ich meine Freude
- ❍ Ich geh' durch einen grasgrünen Wald und höre die Vögelein...
- ❍ Bunt sind schon die Wälder, braun die Stoppelfelder
- ❍ Wohlauf in Gottes schöne Welt
- ❍ Zwischen Berg und tiefem Tal
- ❍ Auf du junger Wandersmann
- ❍ Bald gras' ich am Neckar, bald gras' ich am Rhein
- ❍ Zum Tanze, da geht ein Madel mit güldenem Band

Auf Seite 43 Einführungstexte zu diesen Fragen oder Beispielen

- ❍ Löwenzahn, Löwenzahn, zünde deine Lichter an
- ❍ Abendstille überall
- ❍ Brüderlein fein, Brüderlein fein
- ❍ Guter Mond, du gehst so stille
- ❍ Schlafe mein Kindlein, schlaf ein
- ❍ Oh du wunderschöner Rhein
- ❍ Schwalbenlied: Mutterl unter'm Dach...
- ❍ Mamatschi, schenke mir ein Pferdchen
- ❍ Es tanzt ein Bi-Ba-Butzemann
- ❍ In Mutters Stübele, da geht ein hm hm hm
- ❍ Ringel, Ringel, Reihe
- ❍ Fuchs, du hast die Gans gestohlen
- ❍ Müde bin ich, geh' zur Ruh'
- ❍ Ein Männlein steht im Walde
- ❍ Dornröschen war ein schönes Kind
- ❍ Kuckuck, Kuckuck, rufts aus dem Wald
- ❍ Der Kuckuck und der Esel, die hatten einen Streit
- ❍ Häschen in der Grube
- ❍ Alle meine Entchen
- ❍ Hänsel und Gretel
- ❍ Heija Popeja
- ❍ Hopp, Hopp, Hopp, Pferdchen lauf' Galopp
- ❍ Suse, liebe Suse, was raschelt im Stroh

Auf Seite 43 Einführungstexte zu diesen Fragen oder Beispielen

Schlager und Chanson

- ❍ Vor meinem Vaterhaus steht eine Linde
- ❍ Ich möchte noch mal zwanzig sein
- ❍ Oh mia bella Napoli
- ❍ Du, du liegst mir im Herzen
- ❍ Auch du wirst mich einmal betrügen
- ❍ Ob blond, ob braun, ich liebe alle Frauen
- ❍ Ich brech' die Herzen der stolzesten Frau'n
- ❍ Kann denn Liebe Sünde sein
- ❍ Ich steh' im Regen und warte auf dich
- ❍ Auf der Reeperbahn nachts um halb eins
- ❍ Ich weiß, es wird einmal ein Wunder geschehen
- ❍ Püppchen, du bist mein Augenstern
- ❍ Komm' in meine Liebeslaube
- ❍ Ein Freund, ein guter Freund
- ❍ Mein kleiner grüner Kaktus
- ❍ Ich tanze mit dir in den Himmel hinein
- ❍ Tanzen möcht' ich, singen möcht' ich, in die Welt es schrein...
- ❍ Auf dem Dach der Welt, da ist ein Storchennest...
- ❍ Ich bin von Kopf bis Fuß auf Liebe eingestellt...
- ❍ Die Männer sind alle Verbrecher
- ❍ Der Haifisch, der hat Zähne
- ❍ La Paloma
- ❍ Fährt ein weißes Schiff nach Hongkong
- ❍ Heißer Sand
- ❍ Seemann, laß' das Träumen
- ❍ Sag' beim Abschied leise Servus
- ❍ La Montanara
- ❍ Im Prater blühn wieder die Bäume
- ❍ Wien, Wien, nur du allein
- ❍ Tulpen aus Amsterdam
- ❍ Wochenend' und Sonnenschein
- ❍ Elisabeth-Serenade
- ❍ Zigeunerjunge
- ❍ Sehnsucht
- ❍ Wir wollen niemals auseinander gehn
- ❍ Am Sonntag will mein Süßer mit mir Segeln gehn
- ❍ Berlin ist eine Reise wert
- ❍ Das ist die Berliner Luft
- ❍ Kauf' dir einen bunten Luftballon
- ❍ Bist du einsam heut' Nacht

Auf Seite 43 Einführungstexte zu diesen Fragen oder Beispielen

- ❍ Anneliese, ach Anneliese
- ❍ Wenn nur die Elisabeth nicht so schöne Beine hätt'
- ❍ Moulin rouge
- ❍ Mein kleiner Gockel
- ❍ Rote Lippen soll man küssen
- ❍ Zwei kleine Italiener
- ❍ Marina, Marina
- ❍ Rosemarie
- ❍ Pariser Tango
- ❍ Warum der Sigismund so schön ist
- ❍ Suleika
- ❍ Mit siebzehn hat man noch Träume
- ❍ Ich hab' dich lieb'
- ❍ Liebeskummer lohnt sich nicht
- ❍ Rosen sind rot
- ❍ In einer kleinen Konditorei, da saßen wir zwei...
- ❍ Lilly Marleen: Vor der Laterne...
- ❍ Soldatenlied: Weißt du wo die Blumen sind...
- ❍ In München steht ein Hofbräuhaus
- ❍ Ein Fisch ist im Wasser, Karl-Otto
- ❍ Wenn das Wasser vom Rhein goldner Wein wär'
- ❍ Schnaps, das war sein letztes Wort
- ❍ Komm mein Schatz, wir trinken ein Likörchen
- ❍ Schiff ahoi!
- ❍ Ich wollt', ich wär ein Huhn
- ❍ Mein Freund, der Baum
- ❍ Heute Abend, im Maxim
- ❍ Einen Walzer tanzen wir
- ❍ Wir sind alle lauter kleine Sünderlein
- ❍ Da sprach der alte Häuptling der Indianer
- ❍ Salome
- ❍ Erstes Morgenrot
- ❍ Es liegt ein Schiff vor Hawaii
- ❍ Bei einem Glaserl Wein
- ❍ Chera, Chera
- ❍ Pigalle, das ist die große Mausefalle
- ❍ Er hieß Waldemar
- ❍ Adieu, mein kleiner Gardeoffizier
- ❍ Ungeküßt sollst du nicht schlafen gehn
- ❍ Zwei Herzen im Dreivierteltakt
- ❍ Wenn die kleinen Veilchen blühn
- ❍ Auf der Heide blühn die letzten Rosen
- ❍ Mein Lieblingslied muß ein Walzer sein

Auf Seite 43 Einführungstexte zu diesen Fragen oder Beispielen

- ❍ Ich hab' mein Herz in Heidelberg verloren
- ❍ Liebling, auch wir werden älter
- ❍ Schütt' die Sorgen in ein Gläschen Wein
- ❍ Kornblumenblau
- ❍ Ein Schiff wird kommen
- ❍ Wo die Alpenrosen blühn
- ❍ Ich bin die fesche Lola
- ❍ Frauen sind keine Engel
- ❍ Nimm' dich in Acht vor blonden Frauen
- ❍ So ein Tag, so wunderschön wie heute
- ❍ Ein Lied geht um die Welt
- ❍ Davon geht die Welt nicht unter
- ❍ Nur nicht aus Liebe weinen
- ❍ Der Wind hat mir ein Lied erzählt
- ❍ Merci, mon ami, es war wunderschön
- ❍ In einem knallroten Gummiboot
- ❍ So ein Regenwurm hat's gut
- ❍ Das kann einen Seemann nicht erschüttern
- ❍ Das gibt's nur einmal
- ❍ Wunderbar, wunderbar
- ❍ Valencia
- ❍ Komm' auf meine Schaukel, Luise
- ❍ Hörst du mein heimlich Rufen

Melodien und Gesang aus der Zeit des Grammophons:

- ❍ Mein Vetter Nick
- ❍ Wenn du meine Tante siehst
- ❍ Frische Jungen
- ❍ Die Parade der Zinnsoldaten
- ❍ Im Klostergarten
- ❍ Fascination
- ❍ Zwei rote Rosen, ein zarter Kuß (Paul Godwin)
- ❍ Sehnsucht (Paul Godwin)
- ❍ Always (Richard Tauber)
- ❍ Sirenenzauber
- ❍ Auf dem persischen Markt

Auf Seite 44 Einführungstexte zu diesen Fragen oder Beispielen

Operettenmelodien, Interpreten , Tänze

Operetten, Opern, Walzer und Serenaden...

- ❍ Zigeunerbaron
- ❍ Vogelhändler
- ❍ Gräfin Mariza
- ❍ Bettelstudent
- ❍ Zar und Zimmermann
- ❍ Land des Lächelns
- ❍ Die lustige Witwe
- ❍ Der Zarewitsch
- ❍ Der Vetter aus Dingsda
- ❍ Eine Nacht in Venedig
- ❍ Hänsel und Gretel
- ❍ Die verkaufte Braut
- ❍ Die Fledermaus
- ❍ Figaros Hochzeit
- ❍ Orpheus in der Unterwelt
- ❍ Tannhäuser
- ❍ Zauberflöte
- ❍ Cosi fan tutte
- ❍ Der fliegende Holländer
- ❍ Ring der Nibelungen
- ❍ Meistersinger
- ❍ Rigoletto
- ❍ Die Entführung aus dem Serail
- ❍ Aida
- ❍ Der Freischütz
- ❍ Lohengrin
- ❍ Troubadour
- ❍ Fidelio
- ❍ Madame Butterfly
- ❍ My fair Lady
- ❍ Westside Story
- ❍ Wiener Blut
- ❍ G'schichten aus dem Wiener Wald
- ❍ Kaiserwalzer
- ❍ An der schönen blauen Donau
- ❍ Wein, Weib und Gesang
- ❍ Blumenwalzer
- ❍ Schneewalzer
- ❍ Kleine Nachtmusik
- ❍ Tritsch-Tratsch-Polka
- ❍ Radetzky-Marsch
- ❍ Schwanensee
- ❍ Die Moldau
- ❍ Bilder einer Ausstellung
- ❍ Die vier Jahreszeiten
- ❍ Liebestraum
- ❍ Für Elise
- ❍ Ave Maria

Auf Seite 44 Einführungstexte zu diesen Fragen oder Beispielen

Operettenmelodien

- ❍ Ach, ich hab' sie ja nur auf die Schulter geküßt
  aus: Der Bettelstudent, von Karl Millöcker
- ❍ Ich knüpfte manche zarte Bande
  aus: Der Bettelstudent, von Karl Millöcker
- ❍ Ich hab' kein Geld, bin vogelfrei
  aus: Der Bettelstudent, von Karl Millöcker
- ❍ Ich setz' den Fall
  aus: Der Bettelstudent, von Karl Millöcker
- ❍ Wie mei Ahnl 20 Jahr'
  aus: Der Vogelhändler, von C. Zeller
- ❍ Grüß euch Gott, alle miteinander
  aus: Der Vogelhändler, von C. Zeller
- ❍ Ich bin die Christl von der Post
  aus: Der Vogelhändler, von C. Zeller
- ❍ Schenkt man sich Rosen aus Tirol
  aus: Der Vogelhändler, von C. Zeller
- ❍ Wer uns getraut, der Dompfaff
  aus: Der Zigeunerbaron, von Joh. Strauß
- ❍ Mein idealer Lebenszweck ist Borstenvieh und Schweinespeck
  aus: Der Zigeunerbaron, von Joh. Strauß
- ❍ Komm' in meine Gondel
  aus: Eine Nacht in Venedig, von Joh. Strauß
- ❍ Hab' ich nur deine Liebe, die Treue brauch' ich nicht
  aus: Boccaccio, von Franz von Suppè
- ❍ Ach, wie so trügerisch
  aus: Rigoletto, von G. Verdi
- ❍ Leb' wohl, mein flandrisch Mädchen
  aus: Zar und Zimmermann, von A. Lortzing
- ❍ Letzte Rose
  aus: Martha, von F. von Flotow
- ❍ Brüderchen, komm' tanz mit mir
  aus: Hänsel und Gretel, von E. Humperdink
- ❍ Wenn ich Abend schlafen geh'
  aus: Hänsel und Gretel, von E. Humperdink
- ❍ Jetzt geh' ich ins Maxim
  aus: Die lustige Witwe von Franz Lehar
- ❍ Es steht ein Soldat am Wolgastrand
  aus: Der Zarewitsch, von Franz Lehar
- ❍ Dein ist mein ganzes Herz
  aus: Land des Lächelns, von Franz Lehar

Auf Seite 44 Einführungstexte zu diesen Fragen oder Beispielen

- ❍ Meine Liebe, deine Liebe
  aus: Land des Lächelns, von Franz Lehar
- ❍ Freunde, das Leben ist lebenswert
  aus: Giuditta, von Franz Lehar
- ❍ Ich bin nur ein armer Wandergesell
  aus: Der Vetter aus Dingsda von Eduard Künecke
- ❍ Glücklich ist, wer vergißt, was doch nicht zu ändern ist
  aus: Die Fledermaus, von Joh. Strauß

Komponisten

- ❍ Richard Wagner
- ❍ Ludwig van Beethoven
- ❍ Wolfgang A. Mozart
- ❍ Joseph Haydn
- ❍ Johannes Brahms
- ❍ Johann Sebastian Bach
- ❍ Franz Schubert
- ❍ Robert Schumann
- ❍ Peter Tschaikowsky
- ❍ Bedrich Smetana
- ❍ Bela Bartók
- ❍ Johann Strauß
- ❍ Richard Strauß
- ❍ Franz Liszt
- ❍ Frederic Chopin
- ❍ Franz Lehár
- ❍ Giuseppe Verdi
- ❍ Franz von Suppè
- ❍ Georg Friedrich Händel

Dirigenten

- ❍ Leonard Bernstein
- ❍ Herbert von Karajan
- ❍ Robert Stolz
- ❍ James Last
- ❍ Max Greger

Auf Seite 44 Einführungstexte zu diesen Fragen oder Beispielen

Interpreten

❍ Rudolf Schock
❍ Hermann Prey
❍ Anneliese Rothenberger
❍ Anna Moffo
❍ Ingeborg Hallstein
❍ Ivan Rebroff
❍ Katharina Valente
❍ Freddy Quinn
❍ Vico Torriani
❍ Peter Alexander
❍ Maria und Margot Hellwig
❍ Alexandra
❍ Heintje

❍ Enrico Caruso
❍ Leo Slezak
❍ Mario Lanza
❍ Benjamino Gigli
❍ Maria Callas
❍ Edith Piaf
❍ Lale Andersen

❍ Bing Crosby
❍ Duke Ellington
❍ Louis Armstrong
❍ Ella Fitzgerald
❍ Glenn Miller
❍ Elvis Presley
❍ Bill Haley
❍ Frank Sinatra
❍ Dean Martin

Chöre

❍ Wiener Sängerknaben
❍ Regensburger Domspatzen
❍ Schöneberger Sängerknaben
❍ Fischerchöre
❍ Don Kosaken
❍ Mainzer Hofsänger
❍ Saarknappen Chor
❍ Montanara Chor
❍ Westfälische Nachtigallen
❍ Comedian Harmonists

Tänze

❍ Walzer
❍ Rumba
❍ Samba
❍ Tango
❍ Charleston
❍ Cha Cha Cha
❍ Foxtrott
❍ Polka
❍ Rheinländer
❍ Polonaise

7. Filme

Bekanntlich gibt es die „laufenden Bilder“ erst seit den 50er Jahren auf der „Mattscheibe“ durch den Äther direkt in die Wohnstube. Die Traumfabrik damals war das Kino, die Träume kamen aus der „Flimmerkiste“. Die heute älteren Menschen waren früher häufige und eifrige Kinobesucher, zumindest in den Städten. Man erinnert sich gerne, und auch so manche „Liebe auf den ersten Blick“ hat im Filmtheater „gefunkt“. Da gibt es die fesche Lola (M. Dietrich), die dem ehrbaren Professor (Un)Rath (E. Jannings) arg zusetzte, weil sie „Liebe wollte und sonst gar nichts“. Da war man den Tränen nahe, wenn sich Zara Leander fragte „Kann denn Liebe Sünde sein?“, dann „im Regen stand“ und doch zuversichtlich wußte, daß „einmal ein Wunder geschieht“. Und wer eigentlich kennt Harry Piel? Zumindest fast ausnahmslos die älteren Menschen. Harry Piel war *der* James Bond in der Stummfilmzeit, „als die Bilder laufen lernten“. Und wer hat stets genuschelt und die einfachsten Situationen verkompliziert? Wer trug stets Frack, Zylinder und Schal und Stab und liebte alle Frauen, „ob blond, ob braun“? Wer fand ein Mäderl auf der Reeperbahn nachts um halb eins? Wer war die „Göttliche“?

Fragen und Beispiele hierzu auf Seite 57

Auf Seite 55 Einführungstexte zu diesen Fragen oder Beispielen

Kinofilme

- ❍ erster Stummfilm: 1885
- ❍ erster Tonfilm: 1928
- ❍ erster Fernsehapparat: Anfang der 50er Jahre
- ❍ **Engelein**, 1913, mit Asta Nielsen
- ❍ **Der Vagabund**, 1916, mit Charlie Chaplin
- ❍ **Carmen**, 1918, mit Pola Negri
- ❍ **Der Golem**, 1919, mit Paul Wegener
- ❍ **The Kid**, 1921, mit Charlie Chaplin
- ❍ **Die vier apokalyptischen Reiter**, 1921, mit Rudolph Valentino
- ❍ **Die drei Musketiere**, 1921, mit Douglas Fairbanks
- ❍ **Das Tagebuch einer Verlorenen**, 1922, mit Erna Morena
- ❍ **Der Dieb von Bagdad**, 1924, mit Douglas Fairbanks
- ❍ **Die Nibelungen**, 1924, mit Paul Richter, von Fritz Lang
- ❍ **Goldrausch**, 1925, mit Charlie Chaplin
- ❍ **Die freudlose Gasse**, 1925, mit Asta Nielsen, Greta Garbo
- ❍ **Metropolis**, 1926, mit Heinrich George, Brigitte Helm
- ❍ **Das göttliche Weib**, 1928, mit Greta Garbo
- ❍ **Das verlorene Paradies**, 1928, mit Pola Negri, von Ernst Lubitsch
- ❍ **Die Straße der Sünde**, 1928, mit Emil Jannings
- ❍ **Der blaue Engel**, 1930, mit Marlene Dietrich, Emil Jannings, von Josef Sternberg
- ❍ **Die Liebesparade**, 1930, mit Maurice Chevalier, Jeanette Mac Donald, von Ernst Lubitsch
- ❍ **Mata Hari**, 1931, mit Greta Garbo
- ❍ **Lichter der Großstadt**, 1931, mit Charlie Chaplin
- ❍ „**M**“, 1931, mit Gustav Gründgens, Theo Lingen, von Fritz Lang
- ❍ **Der Kongreß tanzt**, 1931, mit Lilian Harvey, Willi Fritsch
- ❍ **Peter Voss , der Millionendieb**, 1931, mit Paul Hörbiger
- ❍ **Emil und die Detektive**, 1931, mit Fritz Rasp
- ❍ **Die Dreigroschenoper**, 1931, mit Rudolf Forster, Fritz Rasp
- ❍ **Mädchen in Uniform**, 1931, mit Dorothea Wieck, Herts Thiele
- ❍ **Blonde Venus**, 1932, mit Marlene Dietrich

Auf Seite 55 Einführungstexte zu diesen Fragen oder Beispielen

- ❍ **Die Drei von der Tankstelle**, 1932, mit Lilian Harvey, Oskar Karlweis, Heinz Rühmann, Willi Fritsch
- ❍ **Das blaue Licht**, 1932, mit Leni Riefenstahl
- ❍ **Königin Christine**, 1933, mit Greta Garbo
- ❍ **Leise flehen meine Lieder**, 1933, mit Luise Ullrich, Hans Moser
- ❍ **Viktor und Viktoria**, 1933, mit Renate Müller
- ❍ **Der verlorene Sohn**, 1934, mit Luis Trenker
- ❍ **Maskerade**, 1934, mit Paula Wessely, Hans Moser, von Willi Fritsch
- ❍ **So endete eine Liebe**, 1934, mit Willi Fritsch, Paula Wessely
- ❍ **Anna Karenina**, 1935, mit Greta Garbo
- ❍ **Meuterei auf der Bounty**, 1935, mit Charles Laughton
- ❍ **Moderne Zeiten**, 1936, mit Charlie Chaplin
- ❍ **Burgtheater**, 1936, mit Olga Tschechowa, Werner Kraus
- ❍ **Die Kameliendame**, 1937, mit Greta Garbo
- ❍ **Maria Walewska**, 1937, mit Greta Garbo
- ❍ **Der Berg ruft**, 1937, mit Luis Trenker
- ❍ **Capriolen**, 1937, mit Gustav Gründgens, Marianne Hoppe
- ❍ **Heimat**, 1938, mit Zara Leander
- ❍ **Der Diktator**, 1939, mit Charlie Chaplin
- ❍ **Der liebe Augustin**, 1939, mit Paul Hörbiger
- ❍ **Opernball**, 1939, mit Paul Hörbiger
- ❍ **Bel ami**, 1939, Willi Forst, Lizzy Waldmüller
- ❍ **Es war eine berauschende Ballnacht**, 1939, mit Marika Rökk, Zara Leander
- ❍ **Ninotschka**, 1940, mit Greta Garbo
- ❍ **Das Herz einer Königin**, 1940, mit Zara Leander, Willi Birgel
- ❍ **Vom Winde verweht**, 1940, mit Vivien Leigh, Clark Gable
- ❍ **Quax, der Bruchpilot**, 1941, mit Heinz Rühmann
- ❍ **Wiener Blut**, 1942, mit Maria Holst, Willi Fritsch, Hans Moser, von Willi Forst
- ❍ **Reisebekanntschaften**, 1943, mit Hans Moser
- ❍ **Münchhausen**, 1943, mit Hans Albers
- ❍ **Romanze in Moll**, 1943, mit Marianne Hoppe
- ❍ **Die Feuerzangenbowle**, 1944, mit Heinz Rühmann
- ❍ **Große Freiheit, Nr. 7**, 1944, mit Ilse Werner, Hans Albers, Hans Söhnker, Gustav Knuth

Auf Seite 55 Einführungstexte zu diesen Fragen oder Beispielen

- ❍ **Wiener Mädel**, 1949, mit Willi Forst, Judith Holzmeister
- ❍ **Anton, der Letzte**, 40-50er Jahre, mit Hans Moser
- ❍ **Casablanca**, 40-50er Jahre, mit Ingrid Bergmann, Humphrey Bogart
- ❍ **Don Camillo und Peppone**, 1952, mit Gino Cervi und Fernandel
- ❍ **Heidi**, 1953
- ❍ **Ein Herz und eine Krone**, 1953, mit Gregory Peck, Audrey Hepburn
- ❍ **Die letzte Brücke**, 1954, mit Maria Schell
- ❍ **Königin Luise**, 1955, mit Ruth Leuwerik
- ❍ **Des Teufels General**, 1955, mit Curd Jürgens, Marianne Koch
- ❍ **Die Sünderin**, 1955, mit Hildegard Knef
- ❍ **Deutschmeister**, 1955, mit Romy Schneider
- ❍ **Das Wirtshaus vom Spessart**, 1955, mit Liselotte Pulver
- ❍ **Sissi**, I-III, 1956-58, mit Romy Schneider, Magda Schneider, Gustav Knuth, Karl-Heinz Böhm
- ❍ **Kaiserjäger**, 1956, mit Rudolf Forster
- ❍ **Und immer lockt das Weib**, 1956, mit Brigitte Bardot
- ❍ **Das Riesenrad**, 50er Jahre, mit Maria Schell, O.W. Fischer
- ❍ **Drei Männer im Schnee**, 50er Jahre, mit Heinz Erhard, Klaus Biederstaedt
- ❍ **Nachtschwester Ingeborg**, 50er Jahre, mit Klaus Biederstaedt
- ❍ **Im Dutzend billiger**, 50er Jahre, mit Heinz Erhard
- ❍ **Unser Willi ist der Beste**, 50er Jahre, mit Heinz Erhard

Auf Seite 55 Einführungstexte zu diesen Fragen oder Beispielen

Die ersten Fernsehsendungen

❍ **Familie Hesselbach**, 50er Jahre, mit Wolf Schmid, Liesel Christ, Lia Wöhr
❍ **Die Unverbesserlichen**, 50er Jahre, mit Inge Meisel, Josef Offenbach, Monika Peitsch
❍ **Der Forellenhof**, 50er Jahre, mit Hans Söhnker
❍ **Raumschiff Orion**, 60er Jahre, mit Dietmar Schönherr
❍ **Der Kommissar**, 60er Jahre, mit Erik Ode, Fritz Wepper
❍ **Durbridge-Fernseh-Krimis**, wie das Halstuch, Melissa, Tim Fraiser...
❍ **Bonanza**, 60er Jahre, L. Greene, Michael London
❍ **Rauchende Colts**
❍ **Rin tin tin**
❍ **Lassie**
❍ **Fury**
❍ **Flipper**
❍ **Die Kinder von Bullabü**
❍ **Das Ohn'sorgtheater**, u.a. mit Heidi Kabel
❍ **Das Komödienstadel**, u.a. mit Beppo Brehm
❍ **Willi-Millowitsch-Theater**
❍ **Das Sonntagskonzert**, früher häufige Gäste: Rudolf Schock, Hermann Prey, Anneliese Rothenberger
❍ **Das Fernsehgericht tagt**
❍ **Stahlnetz**
❍ **Isar 12**, mit Beppo Brehm
❍ **Davidswache**
❍ **Der goldene Schuß**, mit Lou van Bourg, Vico Torriani
❍ **Vergißmeinnicht**, mit Peter Frankenfeld
❍ **Musik ist Trumpf**, mit Peter Frankenfeld
❍ **Hotel Victoria**, Peter Alexander, später mit Vico Torriani
❍ **Einer wird gewinnen**, mit H.J. Kulenkampff
❍ **Wünsch' dir was**, mit Dietmar Schönherr, Vivi Bach
❍ **Der blaue Bock**, mit Karlheinz Schenk
❍ **Was bin ich**, Beruferaten mit Robert Lembke, Günther Sachs, Marianne Koch...
❍ **Das Sportstudio**, mit Wim Thoelke, Dieter Kürten, Harry Valerien

Auf Seite 55 Einführungstexte zu diesen Fragen oder Beispielen

Schauspieler

- ❍ Adele Sandrock
- ❍ Asta Nielsen
- ❍ Mia May
- ❍ Theda Bara
- ❍ Henny Porten
- ❍ Pola Negri
- ❍ Erna Morena
- ❍ Harry Piel
- ❍ Rudolph Valentino
- ❍ Charlie Chaplin
- ❍ Marlene Dietrich
- ❍ Zara Leander
- ❍ Renate Müller
- ❍ Marianne Hoppe
- ❍ Maria Holst
- ❍ Gustav Gründgens
- ❍ Oskar Karlweis
- ❍ Fritz Rasp
- ❍ Brigitte Helm
- ❍ Leni Riefenstahl
- ❍ Emil Jannings
- ❍ Willi Fritsch
- ❍ Lilian Harvey
- ❍ Willi Forst
- ❍ Olga Tschechowa
- ❍ Heinrich George
- ❍ Hans Moser
- ❍ Theo Lingen
- ❍ Grete Weiser
- ❍ Paul Hörbiger
- ❍ Greta Garbo
- ❍ Ruth Leuwerik
- ❍ Rudolf Prack
- ❍ O.W. Fischer
- ❍ Hans Albers
- ❍ Luise Ullrich
- ❍ Heinz Rühmann
- ❍ Hertha Feiler
- ❍ Johannes Heesters
- ❍ Paul Hubschmid
- ❍ Inge Meisel
- ❍ Curd Jürgens
- ❍ Gert Fröbe
- ❍ Gustav Knuth
- ❍ Maria Schell
- ❍ Brigitte Horney
- ❍ Magda Schneider
- ❍ Romy Schneider
- ❍ Charles Laughton
- ❍ Clark Gable
- ❍ Vivian Leigh
- ❍ Douglas Fairbanks
- ❍ Bette Davis
- ❍ Claudette Colbert
- ❍ Cary Grant
- ❍ John Wayne
- ❍ James Stewart
- ❍ Maureen O'Hara
- ❍ Ava Gardener
- ❍ Spencer Tracy
- ❍ Katherine Hepburn
- ❍ Audrey Hepburn
- ❍ Barbara Stanwyck
- ❍ Humphrey Bogart
- ❍ Anthony Quinn
- ❍ Alec Guiness
- ❍ David Niven
- ❍ Gina Lollobrigida
- ❍ Sophia Loren
- ❍ Marilyn Monroe
- ❍ Brigitte Bardot

8. Literatur

Wer im Wilhelminischen Deutschland die Schulbank drückte, mußte vor allem sehr viel Deutsch, im besonderen deutsches Kulturgut pauken. Selbst das abwechslungsreiche Liebesleben von J.W. Goethe fiel nicht etwa der Zensur zum Opfer, sondern die Damen standen wohl aufgereiht in jedem Literaturbuch (es war Charlotte Buff, die ihn zum „Leiden des jungen Werther" inspirierte; Namen wie Lilli Schönemann, Charlotte von Stein und Christiane Vulpius folgten). Es war auch üblich, Gedichte auswendig zu lernen. Man kann sich noch erinnern, wie Mutter mit einem übte, immer wieder die Reime und Verse „abhörte", bis das Gedicht dann wirklich schon im Schlafe aufgesagt werden konnte. Man weiß auch noch, wie peinlich es war, in der Schule beim Gedichtaufsagen stecken zu bleiben. Für manchen Lehrer war das fast eine persönliche Beleidigung. Auch heute noch sind die meisten älteren Menschen im Stande, Schillers Glocke und Goethes Erlkönig ohne große Überlegung zu reproduzieren. Außer klassischer Literatur gab es zu früheren Zeiten wenige Bücher zur Unterhaltung. Dieses mäßige Angebot entsprach wohl auch der Nachfrage. Ein „gutes Buch" zu lesen, war früher eher ein Privileg des gehobenen Mittelstandes. Viele ältere Menschen, hauptsächlich die Frauen, können sich noch an das „Nesthäkchen" erinnern. Dieses Buch erzählt die Lebensgeschichte eines Mädchens, von seiner Geburt, eben als Nesthäkchen, bis in jene Zeit, wo Nesthäkchen selbst Großmutter wurde. Und auch das „doppelte Lottchen" war schon vor seiner Verfilmung in den 50er Jahren bekannt. Unvergeßlich bleiben natürlich Ganghofers „Jäger vom Fall", „Die Geierwalli" und „Der Silberwald" und die vielen Courths-Mahler Geschichten.

Fragen und Beispiele hierzu auf Seite 65

Auf Seite 63 Einführungstexte zu diesen Fragen oder Beispielen

Dichter und Schriftsteller

- ❍ William Shakespeare
- ❍ Hans Sachs
- ❍ Christoph von Grimmelshausen
- ❍ Walther von der Vogelweide
- ❍ Wolfram Eschenbach
- ❍ Joseph Freiherr von Eichendorff
- ❍ Emanuel Geibel
- ❍ Matthias Claudius
- ❍ Börris von Münchhausen
- ❍ Hoffmann von Fallersleben
- ❍ Eduard Mörike
- ❍ E.T.A. Hoffmann
- ❍ Gotthold Ephraim Lessing
- ❍ Heinrich von Kleist
- ❍ Annette von Droste-Hülshoff
- ❍ Johann Wolfgang Goethe
- ❍ Friedrich Schiller
- ❍ Heinrich Heine
- ❍ Georg Büchner
- ❍ Franz Grillparzer
- ❍ Gerhart Hauptmann
- ❍ Theodor Storm
- ❍ Theodor Fontane
- ❍ Bert Brecht
- ❍ Friedrich Dürrenmatt
- ❍ Heinrich Mann
- ❍ Thomas Mann
- ❍ Jean Baptiste Molière
- ❍ Alexandre Dumas
- ❍ Ludwig Thoma
- ❍ Carl Zuckmayer
- ❍ Erich Kästner
- ❍ Wilhelm Busch
- ❍ Gebrüder Grimm
- ❍ Hans-Christian Andersen
- ❍ Astrid Lindgren
- ❍ Charles Dickens (David Copperfield, Oliver Twist)
- ❍ Jack London (Der Seewolf)
- ❍ Karl May (u.a. Winnetou)
- ❍ Jules Verne

Auf Seite 63 Einführungstexte zu diesen Fragen oder Beispielen

- ❍ Agatha Christie
- ❍ Hedwig Courths-Mahler (Griseldis, Bettelprinzeß)
- ❍ Ludwig Ganghofer
- ❍ Ernest Hemmingway
- ❍ Heinz Günther Konsalik
- ❍ Eugenie Marlitt (Die Gartenlaube, eine Zeitschrift)

Bekannte Werke und Romane

- ❍ **William Shakespeare**
  Romeo und Julia, Macbeth, Hamlet (u.a. Gustav Gründgens, Staatstheater Berlin), Was ihr wollt, Der Widerspenstigen Zähmung, Viel Lärm um nichts, Der Kaufmann von Venedig
- ❍ **Gotthold, Ephraim Lessing**
  Nathan, der Weise, Minna von Barnhelm, Emilia Galotti
- ❍ **Jean Baptiste Molière**
  Der eingebildete Kranke, Tartuffe, Der Geizige, Der Menschenfeind
- ❍ **Alexandre Dumas**
  Die Kameliendame (verfilmt u.a. mit Greta Garbo, 1937)
- ❍ **Johann Wolfgang Goethe**
  Faust, Götz von Berlichingen, Die Leiden des jungen Werther, Egmont, Stella
- ❍ **Friedrich Schiller**
  Die Räuber, Wallenstein, Wilhelm Tell, Kabale und Liebe, Die Verschwörung des Fiesco zu Genua
- ❍ **Heinrich von Kleist**
  Das Käthchen von Heilbronn, Prinz Friedrich von Homburg, Michael Kohlhaas, Der zerbrochene Krug
- ❍ **Bert Brecht**
  Die Dreigroschenoper, Mutter Courage und ihre Kinder, Der kaukasische Kreidekreis, Der gute Mensch von Sezuan
- ❍ **Gerhart Hauptmann**
  Die Weber, Der Biberpelz, Die Ratten (verfilmt mit Inge Meisel)
- ❍ **Friedrich Dürrenmatt**
  Der Besuch der alten Dame, Die Physiker
- ❍ **Carl Zuckmayer**

Auf Seite 63 Einführungstexte zu diesen Fragen oder Beispielen

Der Hauptmann von Köpenick (verfilmt mit Heinz Rühmann), Des Teufels General (verfilmt mit Curd Jürgens und Marianne Koch)

- **Theodor Storm**
  Der Schimmelreiter, Pole Poppenspäler
- **Thomas Mann**
  Die Buddenbrooks (verfilmt u.a. mit Liselotte Pulver, Hans-Jörg Felmy), Die Bekenntnisse des Hochstaplers Felix Krull (verfilmt mit Horst Buchholz)

- **Heinrich Mann**
  Der Untertan
- **Annette von Droste-Hülshoff**
  Die Judenbuche
- **Anna Seghers**
  Das siebte Kreuz (verfilmt mit Spencer Tracy)
- **Gottfried Keller**
  Kleider machen Leute
- **Erich Kästner**
  Das doppelte Lottchen, Emil und die Detektive, Pünktchen und Anton, Das fliegende Klassenzimmer
- **Ludwig Thoma**
  Lausbubengeschichten
- **Die Nibelungen** (1200 n. Chr., Urheber unbekannt)
- **Wolfram von Eschenbach**
  Parzival
- **Christoph von Grimmelshausen**
  Der Simplicissimus

Gedichte und Balladen

- Frühlingslaube (**Ludwig Uhland**)
  Die linden Lüfte sind erwacht
  sie säuseln und weben Tag und Nacht
  sie schaffen an allen Enden
- Hunnenzug (**Börris v. Münchhausen**)
  Finsterer Himmel, pfeifender Wind
  wildöde Heide, der Regen rinnt
- Gotentreue (**Felix Dahn**)
  Erschlagen lag mit seinem Herr
  der König der Goten, Theodomer

Auf Seite 63 Einführungstexte zu diesen Fragen oder Beispielen

- ❍ Bauernaufstand (**Börris v. Münchhausen**)
  Die Glocken stürmten vom Bernwardsturm,
  der Regen durchrauschte die Straßen
- ❍ Legende (**Emil v. Schönaich-Carolath**)
  Vom Dreißigjährigen Krieg berannt,
  das Deutsche Reich lag leergebrannt
- ❍ Lob des Bauernaufstandes (**Volksgut**)
  Der Kaiser sagt:
  „Ich fordere den Tribut“
  Der Soldat sagt:
  „Ich bezahle nichts"
- ❍ Morgenlied (**Friedrich Schiller**)
  Verschwunden ist die finstre Nacht
  die Lerche schlägt, der Tag erwacht
- ❍ Morgengebet (**Josef v. Eichendorff**)
  O wunderbares, tiefes Schweigen
  Wie einsam ist's noch auf der Welt
  Die Wälder nur sich leise neigen,
  als ging' der Herr durchs stille Feld
- ❍ Lied des Landmanns beim Säen (**Matthias Claudius**)
  Wir pflügen, und wir streuen
  den Samen auf das Land
  doch Wachstum und Gedeihen
  das steht in Gottes Hand
- ❍ König Sommer (**Gustav Falke**)
  Nun fallen leise die Blätter ab,
  und die jungen Früchte schwellen.
  Lächelnd steigt der Frühling ins Grab
  und tritt dem Sommer die Herrschaft ab,
  dem starken, braunen Gesellen
- ❍ Sommernacht (**Gottfried Keller**)
  Es wallt das Korn weit in die Runde
  und wie ein Meer dehnt es sich aus
  doch liegt auf seinem stillen Grunde
  nicht Seegewürm noch anderer Kraus
- ❍ Legende vom Hufeisen (**Wolfgang Goethe**)
  Als noch verkannt und sehr gering
  unser Herr auf der Erde ging
  und viele Jünger sich zu ihm fanden
  die sehr selten sein Wort verstanden

Auf Seite 63 Einführungstexte zu diesen Fragen oder Beispielen

- ❍ Erntefestlied (**Julius Sturm**)
  Wagen und Wagen schwankte herein
  Scheune und Böden wurden klein:
  Danket dem Herrn und preist seine Macht
  glücklich ist wieder die Ernte vollbracht
- ❍ Herr von Ribbeck auf Ribbeck (**Theodor Fontane**)
  Herr von Ribbeck auf Ribbeck im Havelland,
  ein Birnbaum in seinem Garten stand
  und kam die goldene Herbsteszeit
  und die Birnen leuchteten weit und breit
- ❍ Abendlied (**Ernst Moritz Arndt**)
  Der Tag ist nun vergangen
  und dunkel schläft die Welt
  die hellen Sterne prangen
  am blauen Himmelszelt
- ❍ Aus dem Walde (**Emanuel Geibel**)
  Mit dem alten Förster heut
  bin ich durch den Wald gegangen
  während hell im Festgeläut'
  aus dem Dorf die Glocken klangen
- ❍ Die Mutter bei der Wiege (**Matthias Claudius**)
  Schlaf, süßer Knabe, süß und mild!
  Du deines Vaters Ebenbild!
  das bist du; zwar dein Vater spricht,
  du habest seine Nase nicht.
- ❍ Ein Friedhofsgesang (**Johann Nepomuk Vogl**)
  Beim Totengräber pocht es an:
  „Mach auf, mach auf, du greiser Mann!
  Tu auf die Tür und nimm den Stab
  mußt zeigen mir ein teures Grab“
- ❍ Die Schnitterin (**Volksgut**)
  War einst ein Knecht, einer Witwe Sohn
  der hatte sich schwer vergangen
  Da sprach sein Herr: „ Du bekommst
  deinen Lohn: morgen mußt du hangen.“
- ❍ Schnitter Tod (**Volksgut**)
  Es ist ein Schnitter, der heißt Tod,
  hat Gewalt vom großen Gott;
  heute wetzt er das Messer,
  es schneid' schon viel besser;

Auf Seite 63 Einführungstexte zu diesen Fragen oder Beispielen

❍ Ein Lied hinterm Ofen zu singen (**Matthias Claudius**)
Der Winter ist ein rechter Mann
kernfest und auf die Dauer;
sein Fleisch fühlt sich wie Eisen an
und scheut nicht süß noch sauer.

❍ Weihnachten (**Josef v. Eichendorff**)
Markt und Straßen stehn verlassen
still erleuchtet jedes Haus
sinnend geh' ich durch die Gassen
alles sieht so festlich aus.

❍ Schwäbische Kunde (**Ludwig Uhland**)
Als Kaiser Rotbart lobesam
zum heil'gen Land gezogen kam
da mußt' er mit dem frommen Heer
durch ein Gebirge, wüst und leer

❍ Nis Randers (**Otto Ernst**)
Krachen und Heulen und berstende Nacht
Dunkel und Flammen in rasender Jagd -
ein Schrei durch die Brandung!

❍ Soldatenabschied (**Heinrich Lersch**)
Laß mich gehn, Mutter, laß mich gehn!
All das Weinen kann uns nichts mehr nützen;

❍ Hoffnung (**Emanuel Geibel**)
Und dräut der Winter noch so sehr
mit trotzigen Gebärden,
und streut er Eis und Schnee umher,
es muß doch Frühling werden!

❍ Die Glocke (**Friedrich Schiller**)
Festgemauert in der Erden
steht die Form aus Lehm gebrannt
Heute muß die Glocke werden,
frisch, Gesellen, seid zur Hand!

❍ Wanderers Nachtlied (**Wolfgang Goethe**)
Der du von dem Himmel bist,
Alles Leid und Schmerzen stillest,
Den, der doppelt elend ist,
Doppelt mit Erquickung füllest

Auf Seite 63 Einführungstexte zu diesen Fragen oder Beispielen

- ❍ Ein Gleiches (**Wolfgang Goethe**)

  Über allen Gipfeln ist Ruh'
  In allen Wipfeln spürest du,
  kaum einen Hauch;
  die Vöglein schweigen im Walde.
  Warte nur, balde, Ruhest du auch.

- ❍ An die Freude (**Friedrich Schiller**)

  Freude, schöner Götterfunken,
  Tochter aus Elysium
  Wir betreten feuertrunken
  Himmlische, dein Heiligtum

- ❍ Mondnacht (**Josef v. Eichendorff**)

  Es war, als hätt' der Himmel
  Die Erde still geküßt,
  Daß sie im Blütenschimmer
  von ihm nun träumen müßt.

- ❍ Er ist's (**Eduard Mörike**)

  Frühling läßt sein blaues Band
  Wieder flattern durch die Lüfte;
  Süße, wohlbekannte Düfte
  Streifen ahnungsvoll das Land.

- ❍ Knecht Ruprecht (**Theodor Storm**)

  Von draußen, vom Walde komm' ich her,
  ich muß euch sagen, es weihnachtet sehr.
  Allüberall auf den Tannenspitzen
  sah ich goldene Lichtlein sitzen

- ❍ Der faule Jockel (**Volksgut**)

  Der Herr der schickt den Jockel aus
  er soll den Hafer schneiden.
  Der Jockel schneid't den Hafer nicht
  und kommt auch nicht nach Haus.

- ❍ Die Bürgschaft (**Friedrich Schiller**)

  Zu Dionys, dem Tyrannen, schlich
  Damon den Dolch im Gewande;
  Ihn schlugen die Häscher im Bande
  „Was willst du mit dem Dolche sprich!"

- ❍ Der Erlkönig (**Johann Wolfgang Goethe**)

  Wer reitet so spät durch Nacht und Wind
  es ist der Vater mit seinem Kind

9. Bekannte Persönlichkeiten, Romanfiguren und Fabelwesen

Viele Menschen haben sich einen Namen gemacht und sind eine Legende geworden. Dies trifft für die schöne Kaiserin Sissi ebenso zu wie auf den berühmt berüchtigten Londoner Frauenmörder, dem man den Namen Jack the Ripper gab. Man erinnert sich auch noch an Mata Hari, eine Tänzerin, die um die Jahrhundertwende den Offizieren den Kopf verdrehte und dann als Doppel–agentin hingerichtet wurde.

Und wer war eigentlich der Rasputin? War er ein Mönch oder ein Gelehrter? Man weiß es nicht so recht. Auf jeden Fall war Rasputin ein enger Lebensberater der letzten Zarin, hatte angeblich einen schlechten Einfluß auf sie und soll so auf seine Weise zum Untergang des zaristischen Reiches beigetragen haben. Aber gibt es da nicht noch die Anastasia? Maria Theresa ist jedem bekannt. Sie war Kaiserin von Österreich und gebar sechzehn Kinder. Viele Frauen schmücken sich auch heute noch mit dem „Theresientaler".

Auch Heinrich der Achte hat Geschichte gemacht. Seine ihm überdrüssigen Ehefrauen hat er gnadenlos hinrichten lassen. In Frankreich zur Zeit des Sonnenkönigs ging es zwar nicht gesitteter, aber viel menschlicher zu. Madame Pompadour und Madame Dubarry legen ein Zeugnis davon ab. Und wer war der Schinderhannes? Ein Robin Hood in deutschen Wäldern. Seine Lebensgeschichte oder vielmehr seine Legende wurde in den 50er Jahren verfilmt.

Käthe Kruse ist zumindest dem weiblichen Geschlecht ein Begriff. Sie ist Schöpferin der nach ihr benannten Puppen. Heute gehört eine Käthe-Kruse-Puppe nicht mehr in Kinderhand, sie ist heute ein recht teures Sammelobjekt.

Ebenso berühmt und bekannt sind manche Menschen und Lebewesen, deren Dasein sich nur der Phantasie eines Schreibers oder Geschichtenerzählers verdankt.

Den tapferen Siegfried, der den Drachen besiegte, und seine Frau Krimhild, die seinen Tod dann bitter rächt, kennt man aus den Nibelungen. Davon hat man in der Schule gehört. Der Name Sherlock Holmes spricht mittlerweile für sich, ist zur Redewendung geworden, wenn man etwas „recherchieren will wie Sherlock Holmes". Miss Marple, die immer so tut, als sei sie eine etwas zerfahrene und geschwätzige alte Dame, weiß doch letztlich, wer der Mörder ist. Miss Marple kennt man aus dem Fernsehen.

Vor dem Nikolaus und vor allem vor seinem Knecht Ruprecht hat man sich als Kind sehr gefürchtet und wenn ein weiteres Geschwisterchen geboren wurde, dann hat der Klapperstorch der Mutter wieder einmal in die Wade gezwickt.

Fragen und Beispiele hierzu auf Seite 75

Auf Seite 73 Einführungstexte zu diesen Fragen oder Beispielen

Bekannte Persönlichkeiten

- ❍ **Wilhelm Tell,** Nationalheld in der Schweiz
- ❍ **Andreas Hofer**, Befreiungskämpfer in Südtirol
- ❍ **Robin Hood**, Räuberhauptmann im englischen Sharewood
- ❍ **Der Schinderhannes**, Räuber in deutschen Wäldern
- ❍ **Stenka rasim**, Räuberhauptmann auf der Wolga
- ❍ **Heinrich der Achte**, König von England, auch Heinrich der Blutige
- ❍ **Anna Boleyn**, Geliebte und spätere zweite Ehefrau von Heinrich dem VIII; endete als erste der vielen Frauen des Königs auf dem Schafott
- ❍ **Elisabeth die Erste,** Königin von England
- ❍ **Sir Francis Drake**, Freibeuter der Königin
- ❍ **Maria Stewart**, Cousine von Elisabeth der ersten; wurde von der englischen Königin gefangen gehalten und dann hingerichtet
- ❍ **Julius Cäsar**, römischer Feldherr und Staatsmann
- ❍ **Brutus**, einer seiner Mörder
- ❍ **Cleopatra**, ägyptische Königin, Geliebte und spätere Gemahlin von Cäsar
- ❍ **Ludwig der Vierzehnte**, der Sonnenkönig
- ❍ **Ludwig der Sechzehnte** und **Marie Antoinette,** während der französichen Revolution hingerichtet
- ❍ **Robespierre**, Französische Revolution
- ❍ **Rousseau**, Staatsphilosoph
- ❍ **Lucia Borgia**, Tochter eines Papstes im Mittelalter
- ❍ **Pompadour**, Mätresse am französischen Hof
- ❍ **Dubarry**, Lebedame am französichen Hof
- ❍ **Mata Hari**, Tänzerin und Doppelagentin
- ❍ **Fanny Hill**, Lebedame
- ❍ **Harry Haarmann**, Massenmörder, Deutschland in den 20er Jahren
- ❍ **Jack the Ripper**, Massenmörder in England, wurde zum Phantom, weil nie gefaßt
- ❍ **Buffalo Bill**, berühmt-berüchtigter Westernheld
- ❍ **Wyatt Earp** und **Doc Holiday**, legendäre Westerngestalten
- ❍ **Franz von Assisi**, Heiliger, Patron der Tiere
- ❍ **Bernadette** (Soubirous), das Wunder von Lourdes
- ❍ **Martin Luther**, Begründer des Protestantismus
- ❍ **Aristoteles** und **Sokrates**, griechische Philosophen
- ❍ **Fugger** und **Rothschild**, Bankkaufleute

Auf Seite 73 Einführungstexte zu diesen Fragen oder Beispielen

- ❍ **Onassis**, griechischer Reeder
- ❍ **Napoleon**, französicher Kaiser
- ❍ **Maria Theresa**, Kaiserin von Österreich
- ❍ **Rasputin**, Lebensberater der letzten Zarin
- ❍ **Anastasia**, überlebte mutmaßlich als einzige die Hinrichtung der Zarenfamilie
- ❍ **Ludwig von Bayern**, der Märchenkönig
- ❍ **Sissi**, Elisabeth von Österreich
- ❍ **Kaspar Hauser**, Findelkind unbekannter Herkunft
- ❍ **Grock**, der große Clown seit 1913; bekannt auch durch den Ausspruch „Nit m-ö-ö-ö-glich!"
- ❍ **Freiherr von Richthofen**, „der Rote Baron", erfolgreichster deutscher Jagdflieger im 1. Weltkrieg
- ❍ **Stauffenberg**, gescheiterter Putsch gegen Hitler
- ❍ **Geschwister Scholl**, Widerstandskämpfer im Nazi-Deutschland, hingerichtet
- ❍ **Anne Frank**, jüdisches Mädchen, versteckte sich mit der Familie in engsten Raumverhältnissen vor den Nazis; wurde entdeckt und ermordet
- ❍ **Albert Schweitzer**, der „Urwalddoktor"
- ❍ **Walt Disney**, amerikanischer Filmproduzent und Trickfilm-Zeichner, Schöpfer der Mickey Mouse
- ❍ **Ernst Lubitsch**, **Fritz Lang**, **Josef Sternberg**, sind *die* Filmregisseure der Stummfilmzeit und des frühen Tonfilms
- ❍ **Alfred Hitchcock**, Filmregisseur meist psychologischer, spannend-gruseliger Kriminalfilme
- ❍ **Karl Valentin** und **Liesl Karlstadt**, Filmkomödianten im frühen Film (Filmsketche)
- ❍ **Käthe Kruse**, Schöpferin der nach ihr benannten Puppen

Auf Seite 73 Einführungstexte zu diesen Fragen oder Beispielen

Romanfiguren und Fabelwesen

❍ Mickey Mouse
❍ Donald Duck
❍ Robinson Crusoe und sein „Freitag“
❍ Siegfried, Krimhild, Hagen, aus der Nibelungensage
❍ Faust, Mephisto und das Gretchen, aus: Goethes Faust
❍ Quasimodo und Esmeralda, aus: Der Glöckner von Notre Dame
❍ Professor Unrath und die fesche Lola, aus: Der blaue Engel
❍ Till Eulenspiegel, der Hofnarr
❍ Münchhausen, der Lügenbaron
❍ Die Schildbürger
❍ Die Sieben Schwaben
❍ Max und Moritz
❍ Struwelpeter
❍ Rumpelstilzchen
❍ Rapunzel
❍ Sherlock Holmes und Dr. Watson
❍ Miss Marple
❍ Kommissar Maigret
❍ Graf Dracula und sein Gegenspieler Van Helsing
❍ Dr. Frankenstein und das Frankenstein-Monster
❍ Das Ungeheuer von Loch Ness
❍ Zeus und Hera
❍ Venus und Amor
❍ Romeo und Julia
❍ Nikolaus und Knecht Ruprecht
❍ Der Klapperstorch

10. Sport und Sportler

Sport war zwar überwiegend Männersache, vor allem der sich allmählich zum Volkssport etablierende Fußball, aber nicht wenige Mädchen standen auf dem Fußballplatz, zitterten und bangten für den Verein ihres Liebsten. Jedes Spiel wurde anschließend kräftig begossen, denn schließlich war schon damals jeder Sieg „gerecht" und „verdient" und eine Niederlage hundsgemein, lag am parteiischen Unparteiischen und an den unfairen Gegenspielern. Den heutigen Insider-Begriff des „Wadenbeissers" gab es sicherlich auch schon damals in irgendeiner Form. Manchmal war es auch nötig, mittels einer deftigen Wirtshausschlägerei die „Unsportlichkeit" der Gegenseite aufs Entschiedenste zu verurteilen. Aber spätestens beim nächsten Länderspiel hat man wieder zusammengehalten. 1954!!! Was für ein Jahr!! Fußballweltmeisterschaft! Deutschland schaffte es bis ins Finale. Das Fußballfieber war vollends ausgebrochen. Beim Endspiel waren die Kneipen zum Bersten gefüllt, nicht zuletzt deswegen, weil es dort die damals noch wenigen „Mattscheiben" gab. Zuhause wurde am Radio gefiebert, in jedem Falle waren die Straßen leergefegt. Und „unser" Sepp Herberger hat unsere Jungs zum Siege geführt, „der große Stratege".

Und Max Schmeling schlug in den 40er Jahren den bis dato ungeschlagenen Joe Louis und wurde Weltmeister im Schwergewicht. Max Schmeling heiratete die schöne Schauspielerin Anni Ondra, und nicht wenige Boulevard-Zeitschriften rätselten nicht wenige Zeit darüber, was die schöne Ondra denn an einer so plattgeboxten Nase schön finden könnte. Kann das Liebe sein? Im nachhinein, Jahre und Jahrzehnte später, konnte man beruhigt aufatmen: Max und Anni waren immer noch glücklich verheiratet!

Daß Hans Jürgen Bäumler und Marika Kilius nicht geheiratet haben, sondern die Marika einen besagten Herrn Zahn ehelichte, hat dem deutschen Publikum auch lange Zeit nicht gefallen.

Johnny Weismüller ist zwar manchem nur als Affenmensch bekannt, aber er war auch tatsächlich der erste Mensch, der 100 Meter Schwimmen in einer Zeit unter einer Minute zurücklegte.

Auch zu diesem Thema – Sport – möchte man mit eigenen Erfahrungen zu Wort kommen: Früher konnte man in Deutschlands Flüssen noch schwimmen, was heute oft einer Gesundheitsgefährdung gleichkäme, früher ging der Badeanzug vom Ellenbogen bis zum Knie... früher ist man viel gewandert mit dem Wanderverein, aber man freute sich auch auf „Wochenend' und Sonnenschein, und dann mit dir im Wald allein...".

Fragen und Beispiele hierzu auf Seite 81

Auf Seite 79 Einführungstexte zu diesen Fragen oder Beispielen

- ❍ **Sepp Herberger**, Fußballnationaltrainer, „der große Stratege“, siegte mit seiner Elf bei der Fußballweltmeisterschaft 1954 in Bern
- ❍ **Fritz Walter**, Kapitän, WM 1954
- ❍ **Toni Turek**, Torwart, WM 1954
- ❍ **Max Morlock**, Stürmer, WM 1954
- ❍ **Helmut Rahn**, Torjäger, WM 1954
- ❍ **Hans Schäfer**, WM 1954
- ❍ **Ottmar Walter**, WM 1954
- ❍ **Fritz Scepan**, Fußballverein Schalke (Schalker Kreisel), 30er Jahre
- ❍ **Ernst Kuzorra**, Schalke, 30er Jahre
- ❍ **Uwe Seeler**, Mittelstürmer beim HSV und Nationalspieler
- ❍ **Gerd Müller**, Stürmer und „Torjäger“ für Bayern München und Nationalspieler
- ❍ **Sepp Maier**, Torwart bei Bayern München und Nationalspieler
- ❍ **Franz Beckenbauer**, „der Kaiser“, Libero bei Bayern München und Nationalspieler
- ❍ **Max Merkel**, Trainer bei 1860 (München) und in Nürnberg, „der Peitschenmax“
- ❍ **Hennes Weisweiler**, Fußballtrainer beim 1. FC Köln
- ❍ **Hemut Schön**, Fußballnationaltrainer in den 70er Jahren
- ❍ **Rudi Altig**, Weltmeister im Radrennen, BRD, 60er Jahre
- ❍ **Eddi Merx**, „das Radfahrass“ aus Belgien
- ❍ **Fausto Coppi**, Tour de France- Gewinner in den 40-50er Jahren, Italien
- ❍ **Bernd Rosenmeyer**, Rennfahrer, bei Auto-Union, 30er Jahre, verunglückte bei Mörfelden (Frankfurt)
- ❍ **Juan Manuel Fangio**, Rennfahrer, 50er Jahre, Brasilien
- ❍ **Carraciola**, Rennfahrer, 40er Jahre, fuhr mit dem bekannten Silberpfeil, Deutschland
- ❍ **Maxi und Ernst Baier**, Eiskunstlauf, 30-40er Jahre, Deutschland
- ❍ **Sonja Henni**, Eisprinzessin bei Olympiade 1936 in Berlin, Norwegen
- ❍ **Hans Jürgen Bäumler** und **Marika Kilius**, Eislaufpaar, 60er Jahre, BRD
- ❍ **Anna Pawlowa**, russische Primaballerina, kreierte den „Sterbenden Schwan“, 1905

Auf Seite 79 Einführungstexte zu diesen Fragen oder Beispielen

- ❍ **Johnny Weismüller**, schwamm erstmals 100 m unter einer Minute
- ❍ **Gottlieb von Cramm**, Tennisass, 2 x Wimbledon-Finale, in den 30er Jahren
- ❍ **Max Schmeling**, besiegte Joe Louis und wurde 1936 Weltmeister im Schwergewichtsboxen
- ❍ **Cassius Clay**, alias Mohammed Ali, Weltmeister im Schwergewichtsboxen
- ❍ **Jesse Owens**, Leichtathlet, Olympiade 1936, damals der schnellste Mann der Welt
- ❍ **Armin Harry**, schaffte erstmals 100 m Sprint in 10,0 Sekunden, 2 x Gold in Rom, 1960
- ❍ **Hans-Günther Winkler** mit „unserer" Halla Gold in Helsinki (Springreiten); „Halla" schaffte trotz verletztem Reiter wie von selbst das Ziel
- ❍ **Toni Seiler**, 3 x Gold bei Winterolympiade 1960, Abfahrt, Slalom und Riesenslalom
- ❍ **Paovo Nurmi**, Langläufer in den 50er Jahren, Finnland
- ❍ **Rosi Mittermeier**, 3 x Gold bei Winterolympiade 1976
- ❍ **Heide Rosenthal**, 3 x Gold bei Olympiade 1972, Fünf-Kampf, Weitsprung, Staffel
- ❍ **Luis Trenker**, Bergsteiger
- ❍ **Andreas Heckmair**, Bergsteiger, u.a. die erste Eiger-nordwand-Durchsteigung1938
- ❍ **Pele**, „die schwarze Perle" aus Brasilien, in den 60-70er Jahren bester Fußballspieler der Welt

11. Fahrzeuge und Automobile

Für einen jungen Menschen in vergangener Zeit war es etwas ganz besonderes, ein Fahrrad, anfänglich auch Drahtesel benannt, zu besitzen. Das Pedaltreten ersparte manchen langen Fußmarsch, sei es zur Arbeitsstelle oder zur Liebsten, die im nächsten oder gar übernächsten Dorf ansässig war. Dann aber kam das Automobil, eine Benzinkutsche, die sich ohne menschlichen Kraftaufwand fortbewegte (daher automobil). Für die meisten blieb das Auto lange Zeit unerschwinglich. Erst in den 50er Jahren hat sich Deutschlands „liebstes Kind“ durchgesetzt. Man erinnert sich an das tuckernde Goggo-Mobil und an die Isetta, mit der man nie frontal an einer Mauer parken sollte (Türe ging nämlich nach vorne, also mit der Windschutzscheibe auf). Was den Amerikanern die Tin Lizzy, war den Deutschen der VW-Käfer, anfangs mit Bretzelfenster und beweglichen Blinkarmen. Ampelanlagen wurden erst allmählich mit zunehmender Verkehrsdichte installiert, der Verkehrspolizist – heute nur noch bei Ausfall einer Ampel eingesetzt – gehörte damals zum alltäglichen Verkehrsbild. Vor der Elektrifizierung wurde die Straßenbahn noch Ende des 19. Jahrhunderts von Pferden gezogen. Und auch der Spritzen – und Mannschaftswagen der Feuerwehr – mit den großen, laut bimmelnden Glocke – war mit Pferden bespannt.

Fragen und Beispiele hierzu auf Seite 85

Auf Seite 83 Einführungstexte zu diesen Fragen oder Beispielen

Wie kann man sich fortbewegen, bzw. auch verreisen?

- ❍ Fahrrad, Motorrad
- ❍ Auto
- ❍ Omnibus, Straßenbahn
- ❍ Eisenbahn
- ❍ Droschkenkutsche, Pferdeschlitten
- ❍ Flugzeug, Hubschrauber
- ❍ Schiff, Kahn, Boot
- ❍ Zu Fuß
- ❍ Mit dem Rollstuhl

Automobile

- ❍ Mercedes-Benz
- ❍ Opel
- ❍ Goggo-Mobil
- ❍ Messerschmidt-Kabinenroller
- ❍ Isetta, Kleinwagen
- ❍ Ford (USA)
- ❍ Tin Lizzy, Kleinwagen, erstes Auto auf Fließband produziert, von Ford, USA
- ❍ Volkswagen, VW-Käfer
- ❍ Deutsche Kraftwerksunion, DKW, Vorläufer von Audi
- ❍ Audi
- ❍ Auto-Union
- ❍ Ford Taunus
- ❍ Austro-Daimler (Österreich)
- ❍ Chrysler
- ❍ Borgward
- ❍ BMW
- ❍ Dixi

Zweiräder

- ❍ Motorrad (DKW, Horex, NSU)
- ❍ Moped
- ❍ Motorroller (Vespa, Heinkel)

12. Bauwerke und Sehenswürdigkeiten

Wo steht eigentlich der Prater oder das Hofbräuhaus? Wo ist der Kurfürstendamm und der Eiffelturm? Wer hat den Limes wo gebaut und warum? Wer kennt den Glockenschlag von Big Ben? Und wer ist schon mal durch den Englischen Garten spaziert oder auf der Reeperbahn gelustwandelt? Man sagt auch, wenn die Matrosen von hoher See gen Hamburg kamen und endlich „der Michel“ (Turm der Sankt Michaelis Kirche) zu sehen war, dann wußte jeder, jetzt ist man bald zu Hause. Darum wurde der alte Michel in vielen Matrosenliedern besungen. Ohnehin sind viele Bauwerke und Sehenswürdigkeiten so beliebt und bekannt geworden, daß man zu ihren Gedenken dichtete und komponierte:

❍ im Prater blühn wieder die Bäume
❍ in München steht ein Hofbräuhaus
❍ auf der Reeperbahn nachts um halb eins
❍ Wien, Wien, nur du allein
❍ das ist die Berliner Luft

Fragen und Beispiele hierzu auf Seite 89

Auf Seite 87 Einführungstexte zu diesen Fragen oder Beispielen

- ❍ Burg Elz
- ❍ Neuschwanstein
- ❍ Liebfrauenkirche
- ❍ Englischer Garten
- ❍ Stachus
- ❍ Krantor (Danzig)
- ❍ Hellabrunn (Zoo, München)
- ❍ Arc de Triomphe
- ❍ Freiheitsstatue
- ❍ Tivoli
- ❍ Petersplatz
- ❍ Kolosseum
- ❍ Empire State Building
- ❍ Langer Eugen
- ❍ Notre Dame
- ❍ Tower
- ❍ Schönbrunn
- ❍ St. Michaelis Kirche
- ❍ Kudamm
- ❍ Markusplatz
- ❍ Klagemauer
- ❍ Vatikan
- ❍ Die Meerjungfrau
- ❍ Kreml
- ❍ Hofbräuhaus
- ❍ Big Ben
- ❍ Prater
- ❍ Brandenburger Tor
- ❍ Reeperbahn
- ❍ Louvre
- ❍ Métro
- ❍ Paulskirche
- ❍ Der Römer
- ❍ Gedächtniskirche
- ❍ St. Bartholomä
- ❍ Akropolis
- ❍ Eiffelturm
- ❍ Der schiefe Turm...
- ❍ Die Kaaba
- ❍ Alexanderplatz
- ❍ Sanssouci
- ❍ Burgtheater
- ❍ Buckingham Palace
- ❍ Westminster Abbey
- ❍ Felsendom
- ❍ Al-aqsa
- ❍ Champs-Elysees
- ❍ Sacre-Coeur
- ❍ Golden Gate Bridge
- ❍ Die Pyramiden von Gizeh
- ❍ Hagia Sophia (Moschee, Istanbul)
- ❍ Palast von Knossos (Kreta)
- ❍ Blaue Moschee (Istanbul)
- ❍ Alhambra (Granada)
- ❍ Chinesische Mauer
- ❍ Basilius
- ❍ Bavaria
- ❍ Schloß Nymphenburg
- ❍ Mailänder Scala (Opernhaus)
- ❍ Limes
- ❍ Via appia
- ❍ Forum Romanum
- ❍ Carlsburg (Kopenhagen)
- ❍ Konstantinbogen (Rom)
- ❍ St. Paul's Cathedral
- ❍ Scheveningen
- ❍ Capitol
- ❍ Pont du Gard
- ❍ Maria Laach
- ❍ Dogenpalast (Venedig)
- ❍ Weißes Haus
- ❍ Niagarafälle

13. Wissenschaft(ler) und Entdecker

Das letzte Jahrhundert und gerade auch die Zeit um die Jahrhundertwende war eine große Zeit für die Wissenschaft, speziell der Physik und Chemie. Die Resultate solch wissenschaftlicher Ideen und Experimente waren eine technische Revolution.

Zwar weiß eigentlich kaum jemand, daß ein Mann namens Stephenson das erste Dampfross, eine „Feuermaschine auf Rädern", konstruierte, aber jeder kann sich noch an die junge Eisenbahn erinnern, an die Dampflok mit dem Kohlentender, an die harten Holzbänke in den Abteilen und der recht mäßigen Geschwindigkeit. Es war ein Herzenswunsch jedes Jungen, eine solche Bahn als Holzspielzeug zu besitzen und der Berufswunsch „Lokomotivführer" wurde unter den damals Kleinen favorisiert. Ganz anders als dem Herrn Stephenson ergeht es dem Albert Einstein. Er war und ist weltberühmt, ein Genie, aber keiner weiß im Grunde so recht warum.

Daimler und Benz produzierten eine erste Benzinkutsche und nannten das neue Gefährt „Mercedes". Dies ist der Name der Tochter eines gewissen Herrn Jellinek, ein großer Rennfahrer und Geschwindigkeitsfanatiker damaliger Zeit. Er gewann mit einer Daimler-Motorkutsche in Nizza ein großes Automobilrennen.

Man erinnert sich an den Zeppelin, das große Luftschiff, aber kennt man auch die Gebrüder Wright, die so ungefähr zur selben Zeit ein erstes Motorflugzeug zusammenbastelten? Dafür ist Charles Lindbergh um so mehr bekannt, er überflog als erster Mensch den Atlantik und landete in Paris. Und ebenso große Aufregung verursachte die Entführung des Lindbergh-Babys, wenige Zeit später. 1912 sank die unsinkbare Titanic. Wenn „nach Adam Riese" zwei und zwei gleich vier ist, nehmen das viele Leute gar nicht für bare Münze und glauben „der Adam Riese" sei eine hintergrundlose Redewendung. Es gab ihn aber tatsächlich, er war ein großer Rechenmeister im Mittelalter.

Pater Kneipp hingegen ist jedem ein Begriff und man weiß auch, was er für die Gesundheit und Genesung mit seinen vielen Naturheilverfahren geleistet hat. Und Professor Sauerbruch, der in den 30er Jahren große Fortschritte in der Brustkorbchirurgie erzielte, wurde spätestens mit der Verfilmung seiner Biographie „So war mein Leben" ebenso bekannt wie der Schwarzwald-Doktor Professor Brinkmann.

Fragen und Beispiele hierzu auf Seite 93

Auf Seite 91 Einführungstexte zu diesen Fragen oder Beispielen

- ❍ **Johannes Gutenberg**, Erfinder des Buchdruckes, Mitte 15. Jahrhundert
- ❍ **Friedrich Böttger**, Porzellan, die erste Porzellan-Fabrik in Berlin 1707; Monopol von Englands indianischem Porzellan aus China war damit gebrochen
- ❍ **Benjamin Franklin**, Blitzableiter, Philadelphia 1750
- ❍ **Jacob Christian Schäffer**, Naturforscher (Insektennamen haben den Zusatz nach schäff.), entwickelte Papier erstmals aus Holz 1790; bisher Papier nur aus Lumpen, Leinen- und Baumwollhadern
- ❍ **James Watt**, Dampfmaschine, England, Mitte 18. Jahrhundert
- ❍ **George Stephenson**, entwickelte ein Dampfross, eine „Feuermaschine auf Rädern“, die erste Lokomotive, England Anfang 18. Jahrhundert; erste Eisenbahnfahrt in Deutschland, Nürnberg-Fürth 1835
- ❍ **Karl Friedrich von Drais**, „von der Laufmaschine zum Fahrrad“, entwickelte um 1820 das erste Fahrrad
- ❍ **John Boyd Dunlop**, entwickelte den nach ihm benannten Luftgummireifen, England, Ende 19. Jahrhundert
- ❍ **Phillip Reis**, entwickelte den ersten „sprechenden Draht“, das Telephon, 1861
- ❍ **Alexander Graham Bell**, erfand ebenfalls das Telephon, USA 1876
- ❍ **Nikolaus Otto**, entwickelte den Viertaktmotor, auch Otto-Motor genannt, Deutschland 1876
- ❍ **Gottlieb Daimler/Carl Friedrich Benz**: Automobilpioniere, Benzin-Motor 1884
- ❍ **Rudolf Diesel**, Dieselmotor 1897
- ❍ **Thomas Alva Edison**, Universal-Genie, Erfindungen wie: Glühlampe, Phonograph (Vorläufer des Grammophons), Kinetoscop (eine Art Kino-Guckkasten)
- ❍ **Gebrüder Montgolfier**, erster Fallschirm und Freiballon, um 1800
- ❍ **Otto und Gustav Lilienthal**, drachenartige Segelflugzeuge, Ein- und Doppeldecker, Ende 19. Jahrhundert
- ❍ **Graf Zeppelin**, baute das nach ihm benannte Luftschiff, Deutschland 1900
- ❍ **Gebrüder Wright**, bauten ein erstes Motorflugzeug 1903
- ❍ **Charles A. Lindbergh**, erster Atlantikflug von USA nach Paris in etwa 33 Stunden, 1927

Auf Seite 91 Einführungstexte zu diesen Fragen oder Beispielen

- ❍ **Max Planck**, deutscher Physiker (u.a. Quantentheorie), 1918 Nobelpreis für Physik
- ❍ **Marie und Pierre Curie**, Entdecker des Radiums, Nobelpreis für Chemie 1911
- ❍ **Albert Einstein**, u.a. die Relativitätstheorie, 1914-16
- ❍ **Otto Hahn** und **Lise Meitner**, Uranspaltung 1938
- ❍ **Werner von Braun**, Physiker und Raketenbauer; 1932-37 Mitarbeiter des Heereswaffenamtes; entwickelte die erste automatisch gesteuerte Rakete (die V1 und V2)
- ❍ **Leonardo da Vinci**, Universal-Genie, u.a. Naturforscher, Baumeister, Zeichner, Maler (die Mona Lisa), 15.-16. Jahrhundert
- ❍ **Galileo Galilei**, Astronom, der Planet Erde ist rund (statt einer bisher angenommenen Scheibe) und bewegt sich; mußte diese Entdeckung vor der Kirche widerrufen, 16. Jahrhundert
- ❍ **Nikolaus Kopernikus**, Astronom, die Erde bewegt sich um die Sonne, die Sonne ist der eher ruhende Pol (bisherige Auffassung: Alles dreht sich um die Erde), 16. Jahrhundert
- ❍ **Adam Riese**, deutscher Rechenmeister, 15.-16. Jahrhundert
- ❍ **Isaac Newton**, Begründer der klassischen theoretischen Physik, entdeckte bzw. erklärte die Gesetze der Schwerkraft, 17.-18. Jahrhundert
- ❍ **Gregor Mendel**, Vererbungsforscher (experimentierte mit Bohnen und Erbsen), 19. Jahrhundert
- ❍ **Charles Darwin**, Naturforscher im 19. Jahrhundert, hauptsächlich auf den Galapagos-Inseln „über die Entstehung der Arten“
- ❍ **Sebastian Kneipp**, Naturheilkundler im 19. Jahrhundert
- ❍ **Robert Koch**, entdeckte, isolierte den Tuberkulosebazillus, 1882
- ❍ **Paul Ehrlich**, Mitarbeiter von R. Koch, Schöpfer der Chemotherapie
- ❍ **Ignaz Semmelweis**, erkannte im 19. Jahrhundert die Ursache und Ansteckweise des Kindbettfiebers
- ❍ **Alexander Fleming**, stellte 1945 erstmals Penicillin her
- ❍ **Ferdinand Sauerbruch**, Brustkorbchirurg, Berlin, in den 30er Jahren
- ❍ **Christoph Columbus** entdeckte 1492 Amerika, bzw. eine karibische Insel (Guanahani)

Auf Seite 91 Einführungstexte zu diesen Fragen oder Beispielen

- **Vasco da Gama**, fand 1497 den Seeweg nach Indien, über das Kap der guten Hoffnung
- **Fernao Magalhaes**, umsegelte ab 1520 die Erde, über das Kap Horn (Südamerika, dortige Seestraße ist nach ihm benannt); mit dieser Umsegelung war die Kugelform der Erde praktisch bewiesen
- **Marco Polo**, legendärer, venezianischer Weltreisender, 13.-14. Jahrhundert
- **James Cook**, kartographierte Neufundland, Neuseeland, und entdeckte den süd-östlichen Teil Australiens, 18. Jahrhundert
- **R. Amundsen**, norwegischer Polarforscher, erreichte als erster den Südpol, Ende des Jahres 1911, wenige Tage vor seinem Rivalen
- **R. F. Scott**, britischer Polarforscher, der 1912 mit seinen Begleitern bei Schneestürmen in der Antarktis ums Leben kam

14. Religionen

Viele ältere Menschen können sich noch an die Judenverfolgung während der Zeit des Nationalsozialismus erinnern. Diese miterlebte Vergangenheit und die oft anzutreffende Intoleranz gegenüber anderen Religionsrichtungen ist Anlaß, dieses Thema einmal zum Inhalt einer Gruppenstunde zu machen.

Es ist noch gar nicht so lange her, als die Ehe von Katholiken mit einem evangelischen Partner gesellschaftlich geächtet und sanktioniert wurde. „Man mußte sich schon sehr liebhaben, um einen solchen Schritt überhaupt zu wagen und das oft tägliche Spießrutenlaufen aushalten zu können“, erzählen betroffene ältere Menschen. Trat man der Konfession seiner/seines Liebsten bei – damit wenigstens der Nachwuchs eines Glaubens war und von der Außenwelt zumindest in diesem Punkt Ruhe hatte – wurde dies häufig erst recht als besondere Heimtücke und Verrat gewertet. Auf jeden Fall wurde immer versucht, solche Liebesbande bereits im Keim zu ersticken und so manche dieser unglückseligen Liebschaften endete tragisch. Daß „jeder demselben Schöpfer gegenübersteht“, so eine ältere Dame, und jede Religion zwar formell unterschiedliche, aber inhaltlich oft identische Gebote und Rituale aufweist, belegen so einfache Vergleiche wie:
dem Christen sollte der Sonntag heilig sein, als Tag des Herrn; für den Juden ist der Sabbat am Samstag Ruhe- und Gedenktag

- ein „Gotteshaus“ hat viele Namen: Kirche, Synagoge, Moschee
- und der Seelsorger heißt je nach Glaubenszugehörigkeit Priester, Rabbiner, Mullah.

Viele Altenpfleger und Betreuer sind ausländische Mitarbeiter und beispielsweise moslemischen Glaubens. Das Thema Religion bietet die Möglichkeit, sich und seine diesbezügliche Lebenssituation vorzustellen und andere kennenzulernen.

Fragen und Beispiele hierzu auf Seite 99

Auf Seite 97 Einführungstexte zu diesen Fragen oder Beispielen

Judentum

(älteste Religion, die sich auf *einen* Gott bezieht)

- ❍ Gott: **Jahwe (Jehova)**, alttestamentarischer Gott
- ❍ Heilige Stätte: **Klagemauer** vom alten Tempel, Westmauer in Jerusalem
- ❍ Heilige Schrift: **Thora**, im wesentlichen die Fünf Bücher Moses; die Thora wird vom jüdischen Jahresanfang immer wieder von neuem nacheinander gelesen
- ❍ Ruhe- und Gedenktag: **Sabbat** (Samstag)
- ❍ Seelsorger, geistlicher Beistand: **Rabbiner**, ist zugleich Gesetzesgelehrter
- ❍ Stätte des Gebets: **Synagoge**
- ❍ Religiöse Besonderheiten: das Fleisch muß **koscher** (rein) sein, d.h. Verbot des Verzehrs von Schweinefleisch; Fleisch und Milch dürfen nicht zusammen eingenommen werden; **Beschneidung** der Knaben

Christentum

(hier: katholische und evangelische Konfession)

- ❍ Gott: Dreieinigkeit bzw. **Gott-vater, Sohn und Heiliger Geist**
- ❍ Heilige Stätte: **Ölberg** und die **Grabeskirche** (Hinrichtungsstätte Jesus)
- ❍ Heilige Schrift: **Das Alte und das Neue Testament**
- ❍ Ruhe- und Gedenktag: **Sonntag**
- ❍ Seelsorger, geistlicher Beistand: **Pfarrer**
- ❍ Stätte des Gebets: **Kirche, Dom**
- ❍ Religiöse Besonderheiten: freitags kein Fleisch; Marienverehrung, Wallfahrten bei der katholischen Konfession; Fastenzeit vor Ostern; vorgeschriebene Monogamie

Islam

(jüngste der großen Weltreligionen)

- ❍ Gott: **Allah**
- ❍ Religionsstifter: der **Prophet Mohammed**
- ❍ Heilige Stätte: Die **Kaaba** in Mekka, der **Felsendom** in Jerusalem
- ❍ Heilige Schrift: **Koran** mit seinen Suren
- ❍ Ruhe- und Gedenktag/bzw. Fastenmonat: **Ramadan**

Auf Seite 97 Einführungstexte zu diesen Fragen oder Beispielen

- Seelsorger: keine Priesterschaft, nur religiöse Gelehrte, die **Ajatollahs** und **Mullahs**; der **Muezzin** ist der Aufrufer vom Gebetsturm
- Stätte des Gebets: **Moschee**
- Religiöse Besonderheiten: Schweinefleisch, Wein und Glücksspiele sind verboten; Polygamie bis zu vier Ehefrauen festgeschrieben; die Empfehlung, einmal im Leben nach Mekka zu pilgern; fünfmal tägliches Gebet, kniend gen Mekka

15. „Andere Länder, andere Sitten“

Zu früheren Zeiten war es für viele Menschen etwas ganz besonderes, einmal eine andere Stadt und Umgebung zu sehen, meist kam man über seine „Hausberge“ nicht hinaus, geschweige denn in ein anderes Land. Urlaub blieb für die heute ältere Generation lange Zeit ein unerfüllter Wunsch. Erst Mitte der 50er Jahre fuhren immer mehr Deutsche zur Erholung in den Süden, nach Italien und Jugoslawien, im eigenen Auto, mit Zelt und Luftmatratze... Auch Holland mit seinen Nordseestränden wurde für Urlauber, hauptsächlich aus dem nahegelegenen Ruhrpott, immer populärer. Exotische Früchte wie Bananen, Orangen und Ananas waren vielen Menschen hierzulande bis nach dem Zweiten Weltkrieg, zumindest vom Genuß und Geschmack her, völlig unbekannt. Man konnte sich auch lange Zeit nicht vorstellen, anders zu kochen und zu essen als auf gewohnt „gut deutsch“, so nach dem Sprichwort „was der Bauer nicht kennt...“. So wurden mitten in Rom Frankfurter Würstchen und in Triest Rippchen und Sauerkraut verzehrt!!! Mit der Zeit ist es dann in Mode gekommen „ausländisch“ zu essen, seither gehören die vielen ausländischen Restaurants zu jedem Stadtbild. Das Fernsehen brachte dann schließlich andere Länder und Sitten direkt ins Wohnzimmer – darunter auch Länder und Menschen, die man nie zuvor gesehen hatte, Landschaften und Naturschönheiten, von denen man bisher nicht träumen konnte.

Fragen und Beispiele hierzu auf Seite 103

Auf Seite 101 Einführungstexte zu diesen Fragen oder Beispielen

- ❍ Welche Länder gibt es?
- ❍ Wie heißt die Hauptstadt von welchem Land?
- ❍ Durch welche Länder fließt der Rhein, die Donau, die Elbe...?
- ❍ Sind die Alpen, die Pyrenäen, der Kilimandscharo, das Himalaya-Gebirge...?
- ❍ Wo wachsen Orangen, Bananen und Ananas...?
- ❍ Wo sind welche Tiere beheimatet?...Elefant, Affe, Tiger, Löwe, Antilope, Krokodil...? Welche Tiere haben Sie schon im Zoo gesehen?
- ❍ Welche Sprachen gibt es? Welche Sprache ist Handels- und Weltsprache?
- ❍ Waren Sie schon einmal in einem anderen Land? ... In welchem?... Was hat Ihnen da besonders gefallen?
- ❍ Woher kommen welche Vornamen?...Jimmy, Susan, Mike...; Yvonne, Pierre...; Wladimir, Jurji, Lara, Olga...; Ismail, Safak, Mehmed, Osman...; Mohammed, Hussein, Achmed, Fatima, Amal, Assia...; Jakob, Esra, Daniel, Benjamin, Sarah, Esther, Judith...; Slobodanka, Ruzica, Velibor...;
- ❍ Wo ißt man welche Speisen?...Pizza, Spagghetti...; Kaiserschmarrn...; Moussaka...; Paella...; Cevapcici...; Couscous, Chorba (arabisch)...; Pilav...(türkisch)...; Matzes (jüdisch)...;
- ❍ Woher kommt welches Getränk?... Whisky, Wodka, Grappa, Grog, Ouzo, Sangria, Champagner...;
- ❍ Wo findet der Stierkampf statt?
- ❍ Woher kommt der Bauchtanz?
- ❍ In welchem Land ist nachmittags „teatime“?
- ❍ In welchem Land sitzt man beim Essen auf dem Boden?
- ❍ In welchem Land ißt man mit Stäbchen?
- ❍ Aus welcher Stadt kommt die Sachertorte?
- ❍ In welchem Land trug man Schuhe aus Holz?
- ❍ In welchem Land, in welcher Gegend trägt man Dirndl und Lederhosen?
- ❍ Welches Land ist bekannt durch seinen guten Käse ...Gouda, Edamer...?
- ❍ Wo wird gejodelt?
- ❍ Wo tanzt man Flamenco und Bolero?
- ❍ Was ist die „Siesta“?
- ❍ Was ist ein Iglu?
- ❍ Wo stehen viele Windmühlen?

Auf Seite 101 Einführungstexte zu diesen Fragen oder Beispielen

- Woher kommen die Blue Jeans?
- Wo ist der Western zu Hause?
- In welcher Sprache liest und schreibt man von rechts nach links?
- Wo spielt man Polo, Baseball, Football...?
- Wo spielt man Skat und Schafskopf?
- Was ist eine Geisha?
- Was ist ein Harem?...Ein Sultan...
- Was ist ein Basar? Wie geht es auf einem solchen Markt zu?

(Religiöse Besonderheiten der verschiedenen Glaubensrichtungen, siehe unter 14. „Religionen”)